W0051769

ullstein

Das Buch

Hunderttausende folgen den Kanälen »Jurafakten« auf Facebook und Instagram. Dort werden regelmäßig Neuigkeiten und Kuriositäten, aber auch Ärgernisse und Irrtümer aus dem Reich der Justiz gepostet. Wussten Sie, dass Bier in Russland erst seit 2011 als alkoholisches Getränk zählt? Dass die Flucht aus dem Gefängnis in Deutschland straffrei ist? Dass Sie DM-Scheine seit Einführung des Euro bedenkenlos fälschen dürfen? Dieses Buch versammelt all diese Jurafakten, geprüft und kommentiert von Richter Dr. Patrick Burow.

Die Autoren

Dr. iur. Patrick Burow, geboren 1965 in Hamburg, wurde in seiner Geburtsstadt promoviert und ist seit 1996 Richter in Sachsen-Anhalt. Unter anderem hat er unter dem Pseudonym Falk van Helsing bereits vierzehn Humorbücher bei Eichborn und Lappan veröffentlicht.
Adrian Rouzbeh, Philanthrop, Selfmade-Unternehmer, CEO, Erfolgsexperte und Leistungssportler, ist als Speaker, Konzeptionist und Berater für viele der größten und renommiertesten Unternehmen Deutschlands tätig. Außerdem teilt er sein Wissen auf Messen, Kongressen sowie an Universitäten und Schulen. Mit seinem innovativen Unternehmen PHOENIX HUMAN PRIME hat er eine Erfolgsakademie in NRW geschaffen und zahlreiche erfolgreiche Entrepreneure und Athleten hervorgebracht.
Dallan Sam, Marketing-Experte für alle Bereiche rund um Social Media, ist Gründer vieler erfolgreicher Medien-Brands und Mitautor verschiedener Bestseller.

Von Patrick Burow ist in unserem Haus bereits erschienen:
Ich habe nicht geschossen, nur ein bisschen

Von Dallan Sam sind in unserem Haus bereits erschienen:
VONG
Was Lehrer nicht dürfen

DR. PATRICK BUROW
ADRIAN ROUZBEH
DALLAN SAM

JURA FAKTEN

Verbotene Süßigkeiten,
erlaubte Morde und andere Kuriositäten
aus Recht und Gesetz

Ullstein

Besuchen Sie uns im Internet:
www.ullstein-buchverlage.de

Die zitierten englischen Gesetzestexte
wurden von Patrick Burow übersetzt.

Der Großteil der Einträge ist mit den entsprechenden
Quellenhinweisen (Gesetzestexte, Medienberichte o. Ä.) versehen.
Bei den restlichen Einträgen basieren die Informationen auf
Patrick Burows Erkenntnissen aufgrund seiner
beruflichen Tätigkeit als Richter.

Originalausgabe im Ullstein Taschenbuch
1. Auflage Oktober 2019
3. Auflage 2019
© Ullstein Buchverlage GmbH, Berlin 2019
Redaktion: Lisa Mannagottera
Umschlaggestaltung: zero-media.net, München
Titelabbildung: © Jurafakten 2019 (Logo); © FinePic®, München
Satz: KompetenzCenter, Mönchengladbach
Gesetzt aus der Berkeley Oldstyle
Druck und Bindearbeiten: CPI books GmbH, Leck
ISBN 978-3-548-06152-8

Inhalt

Vorwort von Adrian Rouzbeh,
Jurafakten

Das Recht ist überall. Täglich werden wir Dutzende Male mit dem Gesetz konfrontiert, sei es bei der Arbeit, dem Nachbarschaftsstreit, im Straßenverkehr oder bei der jährlichen Steuererklärung. In fast keinem Bereich kann Wissen oder Unwissenheit so eindeutig über Erfolg oder Misserfolg entscheiden, wie im juristischen Bereich. Wer nicht nur seine persönlichen Rechte, sondern auch gewisse Lücken im Gesetz kennt, hat oft einen entscheidenden Wettbewerbsvorteil im Leben – sowohl privat als auch geschäftlich.

Doch wer weiß überhaupt, was Recht ist? Und wo kann man es erfahren?

Viel zu oft unterschätzen wir, wie wir Gesetzeskenntnisse zu unserem Vorteil nutzen können – so z. B. beim Aufbau einer Selbstständigkeit, bei Streitigkeiten mit dem Chef oder Vermieter, bei der Rückgabe eines gekauften Artikels und in vielen weiteren Situationen, in denen wir oft gar nicht wissen, was »erlaubt« ist und was nicht.

Ich habe während meiner bisherigen Laufbahn stets versucht, meinen Wissensschatz in juristischen Angelegenheiten durch tiefe Recherche stetig zu erweitern, um für jegliche Situationen gewappnet zu sein. Gerade die regelmäßige Aneignung von juristischem Wissen kann uns gewissermaßen als »Schild« zur Selbstverteidigung dienen, mit dem wir uns auf umfassende Weise absichern und vor vielerlei Fettnäpfchen schützen können. Absolute Unwissenheit hingegen macht uns angreifbar und nicht selten zum Spielball für juristisch versiertere »Gegner«.

Dies war der Ursprung der Idee, ein Jura-Konzept für Social Media zu entwickeln, welches sowohl Unterhaltungswert als auch hilfreiche Informationen bietet. In meiner Tätigkeit als Konzeptionist und Berater habe ich bereits viele Konzepte entworfen, doch bei diesem Projekt war mir klar, dass es in den Händen des bewährten Social-Media-Experten Dallan Sam – der alleine Millionen von Followern aufgebaut hat und betreut sowie schon Dutzende große Projekte erfolgreich umgesetzt hat – am besten aufgehoben ist.

Unser Ziel war es dabei, gemeinsam ein Konzept zu etablieren, das sich der oft trockenen Thematik auf angenehme und unterhaltsame Weise widmet – »Jura zum Anfassen« gewissermaßen. Aufgrund des immensen Potenzials und der hohen Relevanz des Themas ist es unser beider Herzensangelegenheit, Jurafakten gemeinsam mit unserem Redaktionsteam und unseren Partnern auch über die Seite und dieses Buch hinaus noch in vielen weiteren interessanten Projekten zu verwirklichen, um das Thema so vielen wie möglich näherzubringen und zu erleichtern.

Um Jurafakten aber erstmals von den Bildschirmen auf Papier zu bringen, haben Dallan Sam und ich uns mit dem Richter und mehrfachen Autor Dr. Patrick Burow zusammengetan und gemeinsam eine völlig neue Sammlung an gesetzlichen Kuriositäten, Rechtslücken und vielem mehr erstellt, die dem Leser einen amüsanten wie aufschlussreichen Einblick in die Welt der Gesetze bietet.

Mein Ziel ist es dabei – auch wenn Sie viele Inhalte mit einem Augenzwinkern betrachten sollten –, jeden von Ihnen, egal, ob jung oder alt, für das Thema Jura zu sensibilisieren und dazu anzuregen, sich tiefer und vor allem lieber mit der Thematik zu beschäftigen.

Lassen Sie sich also von ungeahnten Überraschungen und

wissenswerten »Lifehacks« verblüffen und lernen Sie, wie wichtig es ist, sich durch juristisches Wissen abzusichern und immer auf dem Laufenden zu bleiben, damit auch Sie wissen, »was Recht ist«!

Viel Spaß beim Lesen!

Einleitung

100 000 Follower in den ersten zehn Stunden, fast eine Million in nur einem Jahr – *Jurafakten* hat sich innerhalb kürzester Zeit zu einer der größten Jura-Seiten Deutschlands in den sozialen Medien entwickelt. Sie widmet sich skurrilen Gesetzen, kuriosen Urteilen und Rechtslücken aus dem Alltag.

Der Umgang mit Gesetzen gilt zu Unrecht als trocken. Wer so etwas sagt, liest die falschen Gesetze. Denn im täglichen Gesetzeswahnsinn gibt es jede Menge Witz und Humor zu entdecken. Wussten Sie etwa, dass

- das Überraschungsei in den USA verboten ist?
- Mecklenburg-Vorpommern zwar keine Berge, aber ein Landesseilbahngesetz hat?
- Sklavenhandel in Deutschland weiterhin verboten ist?

Dieses fröhliche Buch gibt die kuriosesten und seltsamsten Normen der Welt wieder. Darüber hinaus bietet die Rechtsprechung einen reichen Fundus erstaunlicher und kurioser Entscheidungen. Hinter dem ernsten Gesicht mit der schwarzen Robe stecken manchmal unerkannte Komiker:

- Die Rettung eines Wellensittichs rechtfertigt kein Rasen.
- Fischhändler müssen vor Gräten warnen.
- Mord ist kein Arbeitsunfall.

Mancher fühlt sich durch das Strafgesetzbuch in seiner Lebensgestaltung erheblich eingeschränkt. Doch zu Unrecht – wir alle dürfen viel mehr, als wir glauben. Wer die Gesetzeslücken kennt, hat es leichter im Leben:

- Ihren Ehemann dürfen Sie umbringen, wenn er ein Ekelpaket ist.
- Die Deutsche Mark können Sie nach Einführung des Euro getrost fälschen.
- Die Flucht aus dem Gefängnis ist in Deutschland nicht strafbar.

Höher, schneller, weiter – Rekorde sind beliebt. Nicht nur Sport und Technik haben interessante Superlative zu bieten, sondern auch das Recht:

- 1200 Tötungsdelikte bleiben in Deutschland jährlich unentdeckt.
- Der längste Strafprozess in Deutschland dauerte fünfzehn Jahre.
- Die längste Freiheitsstrafe betrug 141 078 Jahre.

Das sind nur ein paar Jurafakten, die Sie auf den folgenden Seiten erfahren.

1

Sklavenhandel, Skiunfallflucht und falsche Wetterberichte
Ungewöhnliches aus Strafgesetzbüchern

Die meisten Leser werden in ihrem Leben maximal ein paar Verkehrsstraftaten, zwei Ladendiebstähle und einen Schwiegermuttermord begehen. Wie langweilig! Dabei lassen sich den Strafgesetzbüchern der Welt Anregungen für wirklich originelle Straftaten entnehmen. Versuchen Sie es doch mal mit der Störung von Gottesdiensten, dem Töten von Pandabären oder dem Auslösen einer Atomexplosion.

Der Sklavenhandel ist in Deutschland ein Verbrechen und wird mit Freiheitsstrafe von mindestens einem Jahr bestraft.

Das Gesetz betreffend die Bestrafung des Sklavenraubes und des Sklavenhandels von 1895 ist weiterhin in Kraft, obwohl die Zeiten des Sklavenhandels längst passé sind. Der Wortlaut von § 2:

Wer Sklavenhandel betreibt oder bei der diesem Handel dienenden Beförderung von Sklaven vorsätzlich mitwirkt, wird mit Freiheitsstrafe nicht unter einem Jahr bestraft. In minder schweren Fällen ist die Strafe Freiheitsstrafe von drei Monaten bis zu fünf Jahren.

Für das Zünden einer Atombombe sieht das Strafgesetz die gleiche Strafe vor wie für den Besitz einer größeren Menge Cannabis.

Auf das Verursachen einer nuklearen Explosion steht Freiheitsstrafe bis zu fünf Jahren oder Geldstrafe, § 328 Abs. 2 Nr. 3 StGB. Der Besitz von Betäubungsmitteln wird gemäß § 29 Abs. 1 Nr. 3 BtMG ebenfalls mit Freiheitsstrafe bis zu fünf Jahren oder mit Geldstrafe bestraft. Cannabis ist nach den Vorstellungen des Gesetzgebers damit genauso gefährlich wie eine Atombombe.

Ski-Unfallflucht kann mit einer Geldbuße geahndet werden.

Die Ski-Unfallflucht ist nach Art. 24 VI Nr. 4 des bayerischen Landesstraf- und Verordnungsgesetzes als Ordnungswidrigkeit verfolgbar.

In China steht auf 55 Straftatbestände die Todesstrafe.

Erschreckend viele Wege führen in China zum Schafott. Nicht weniger als 55 (!) Straftatbestände sehen die Todesstrafe vor – von Gewalttaten wie Mord, Raub und Vergewaltigung über exotische Delikte wie Tötung von Pandabären und Plünderung archäologischer Stätten bis zu gewaltfreien Vergehen wie Diebstahl von Benzin, Steuerflucht und Veruntreuung. Andere todeswürdige Taten sind u. a. Kreditkartenbetrug, der Verkauf schädlicher Lebensmittel, die Herstellung pornografischen Materials und schwerer Gemüsediebstahl.[1]

Ein falscher Wetterbericht kann in den USA mit bis zu neunzig Tagen Haft bestraft werden.

Ein Gesetz schreibt vor, dass jeder, der einen falschen Wetterbericht herausgibt und behauptet, er sei vom Wetteramt, bis zu neunzig Tage inhaftiert werden kann. Bloß schlecht in seinem Meteorologie-Job zu sein gilt jedoch nicht als Fälschung.[2]

Wer ohne Erlaubnis das Smartphone einer anderen Person benutzt, macht sich strafbar.

Das könnte als Ausspähen von Daten (§ 202a StGB) mit Freiheitsstrafe bis zu drei Jahren oder mit Geldstrafe bestraft werden.

Das Gaffen bei einem Verkehrsunfall ist seit Mai 2017 eine Straftat.

Der neue § 323c Abs. 2 StGB stellt die Behinderung von hilfeleistenden Personen unter Strafe. Wer Einsatzkräfte durch Gaffen behindert, wird mit Freiheitsstrafe bis zu einem Jahr oder mit Geldstrafe bestraft. Eine weitere Straftat begeht, wer mit dem Handy Aufnahmen der Verletzten macht.

In Deutschland kann ein Kissen als »passive« Waffe angesehen werden.

Ein Kissen kann als Schutzwaffe i. S. d. § 17a Versammlungsgesetz betrachtet werden. Wenn man sich auf einer Demo ein Kissen unter die Kleidung steckt, damit man nicht von der Polizei die Knochen gebrochen bekommt, gilt das also als passive Bewaffnung.

**Wer in Deutschland öffentlich eine Straftat billigt,
befürwortet oder belohnt,
handelt rechtswidrig und kann mit bis zu
drei Jahren Haft bestraft werden.**

Die Belohnung und Billigung von Straftaten steht gemäß § 140 StGB unter Strafe.

**Wer absichtlich und in grober Weise einen
Gottesdienst in Deutschland stört, kann mit bis zu
drei Jahren Haft bestraft werden.**

Die Störung der Religionsausübung steht gemäß § 167 StGB unter Strafe. Ein bekanntes Beispiel ist die damalige Femen-Aktivistin Josephine Witt, die während eines Weihnachtsgottesdienstes im Kölner Dom 2013 nur mit einem Lendenschurz bekleidet auf den Altar gesprungen ist, während die Worte »I am God« auf ihren Oberkörper geschrieben waren. Sie wurde wegen Störung der Religionsausübung zu einer Geldstrafe von 600 Euro verurteilt.

**Bundestagsabgeordnete sind
in Deutschland vor einer Strafverfolgung
geschützt.**

Abgeordnete des Deutschen Bundestages genießen parlamentarische Immunität, die sie vor Strafverfolgung schützt (Art. 46 Abs. 2 GG). Sie schützt aber nicht den Abgeordneten selbst vor Strafe, sondern soll die Arbeitsfähigkeit des Parlaments sicherstellen. Die Immunität kann daher auch vom Bundestag aufgehoben werden.

Ein schottischer Hundebesitzer wurde zu einer Geldstrafe verurteilt, weil er seinem Hund den Hitlergruß beibrachte und ein Video davon ins Internet stellte.

Der 29-jährige Mark Meechan wurde zum YouTube-Star, weil sein Hund die Pfote hebt, sobald man »Sieg Heil« sagt. In dem Zweieinhalb-Minuten-Clip ließ er den Mops neunmal die rechte Pfote zum Hitlergruß heben. Der Hundebesitzer beteuerte, dass es sich um einen Spaß gehandelt habe. Sein Video erzielte mehr als eine Million Aufrufe. Der Richter fand das Video nicht spaßig, sondern grob beleidigend und verurteilte Meechan zu einer Geldstrafe von 800 Pfund Sterling.[3]

Die amerikanische Richterin Rosemarie Aquilina erlangte nationale Berühmtheit, weil sie einen in 265 Fällen verurteilten Sexualstraftäter mit den Worten »es ist mir eine Ehre und ein Privileg, Sie zu verurteilen« schuldig sprach. »Sie haben es nicht verdient, je wieder aus dem Gefängnis zu kommen«, fügte sie hinzu.

Larry Nassar ist ein US-amerikanischer Arzt und Serien-Sexualstraftäter. Nassar arbeitete jahrzehntelang als Arzt des US-amerikanischen Turnverbands USA Gymnastics, viermal gehörte er zum Olympiateam der USA. In dieser Zeit missbrauchte er über 250 Mädchen und Frauen, darunter einige Olympiasiegerinnen. Im Januar 2018 wurde er von Richterin Rosemarie Aquilina wegen des massenhaften sexuellen Missbrauchs von Frauen und Mädchen zu 175 Jahren Haft verurteilt.[4]

Exhibitionismus ist in Deutschland nur den Männern verboten.

Täter einer Straftat nach § 183 StGB kann nur ein Mann sein; verfassungsrechtliche Bedenken ergeben sich daraus nach einem Beschluss des Bundesverfassungsgerichts nicht. Grund für die Beschränkung auf Männer ist laut den Gesetzgebungsmaterialien, dass exhibitionistische Handlungen von Frauen extrem selten seien.[5]

Schneidest du jemandem gegen seinen Willen die Haare ab, gilt das als Körperverletzung.

Das ungewollte Haareschneiden ist eine Körperverletzung gemäß § 223 StGB, die mit Freiheitsstrafe bis zu fünf Jahren oder mit Geldstrafe bestraft werden kann.

Juristisch besteht kein Unterschied zwischen einer Beleidigung in sozialen Netzwerken und einer Beleidigung auf offener Straße.

Das Internet ist kein rechtsfreier Raum, wie viele glauben. Der Straftatbestand der Beleidigung gem. § 185 StGB gilt hier genauso wie im »richtigen Leben«. Juristisch unterscheidet sich eine Beleidigung in einem Internetforum, auf Twitter oder Facebook nicht von einer Beleidigung im wirklichen Leben.

Die Beleidigung des Bundespräsidenten kann in Deutschland mit einer Haftstrafe geahndet werden.

Auf die Verunglimpfung des Bundespräsidenten steht gemäß § 90 Abs. 1 StGB Freiheitsstrafe von drei Monaten bis zu fünf Jahren.

Einen Polizisten zu duzen kann 600 Euro Geldstrafe kosten.[6]

Hier eine kurze Auflistung gängiger Polizistenbeleidigungen und der dafür verhängten Strafen:

Beleidigung	Sachverhalt	Strafe
»Clown«	Fahrausweiskontrolle in U-Bahn	15 Tagessätze
»Leck mich am Arsch«	Rechtspopulist beleidigt Polizisten	20 Tagessätze
»A.C.A.B.«	= All Cops are Bastards	25 Tagessätze
Stinkefinger	in Kamera einer Messstelle	30 Tagessätze
»Blöde Fickfotze«	Frau zur Polizistin	30 Tagessätze
»Wegelagerer«	zu Polizisten bei Verkehrskontrolle	30 Tagessätze
»lächerlich, fett, ranzig«	über Polizistinnen	30 Tagessätze
»Dumpfbacke«	bei Verkehrskontrolle	30 Tagessätze
»Sie können mich mal«	zu Politesse bei Parkverstoß	30 Tagessätze
»Wichser«	zu Polizist bei Verkehrskontrolle	40 Tagessätze

Anspucken	Spuckattacke auf Polizisten	40 Tagessätze
»Bullenschweine«	Fußballfan beleidigt mehrere Polizisten	120 Tagessätze
»Fick dich«	Mann bei Auflösung eines Trinkgelages	1 Monat
»Pumuckl«	Vorbestrafter Fußballfan zu Polizistin	2 Monate auf Bewährung
»Dreckspack« und »Abschaum«	Vorbestrafter beleidigt auf Facebook	3 Monate
»Scheiß Cops«	Rückfall in Bewährungszeit	5 Monate
»Wichser«	zu Polizist bei Kontrolle	5 Monate
»Idioten«	Vorbestrafter Rockerchef anlässlich Parkverstoß	6 Monate

(Tagessatz ist das Nettoeinkommen des Täters, welches er durchschnittlich an einem Tag hat. Dreißig Tagessätze entsprechen also einem Monatsgehalt.)

100 000 Euro für »Arschloch«.

Der Fußballer Stefan Effenberg hatte 2003 einen Polizisten nach einer Kontrolle wegen einer Geschwindigkeitsüberschreitung »Arschloch« genannt. Er versuchte sich erfolglos damit rauszureden, »Schön'n Abend noch« gesagt zu haben. Das Amtsgericht Braunschweig erkannte auf zwanzig Tagessätze zu 5000 Euro, das ergibt 100 000 Euro. Der Fußballstar hatte keine Angaben zu seinem Einkommen gemacht. Es war aber allgemein bekannt, dass Effenberg Millionär war, weshalb das Gericht den damals höchstmöglichen Tagessatz von 5000 Euro annahm. Nach einer erfolgreichen Revision wurde die Tagessatzhöhe auf 500 Euro reduziert, weil Effenberg erfolgreich eine erhebliche Reduzierung seines für die Bemessung der Geldstrafe maßgeblichen Einkommens mit dem Argument erreichte, von seinen Millioneneinkünften seien hohe Kosten für seine Berater abzuziehen (ein Profifußballer scheint überwiegend für seine Berater zu arbeiten ...). Effenberg musste schließlich nur noch 10 000 Euro Strafe zahlen.[7]

Bis in die 60er-Jahre war Selbstmord in England streng verboten. Missglückte Suizidversuche wurden mit dem Tod bestraft.

Vor dem Suicide Act 1961 war es ein Verbrechen, Selbstmord zu begehen. Der erfolglose Selbstmörder konnte verfolgt werden, während die Familien derer, die Erfolg hatten, auch bestraft werden konnten. Zum Teil spiegelte diese Kriminalisierung religiöse und moralische Einwände gegen den Selbstmord wider. Mit dem Suicide Act 1961 wurde die Strafbarkeit des Selbstmordes aufgehoben.[8]

In Utah ist es verboten, eine Katastrophe zu verursachen.

Verboten ist in diesem US-Staat insbesondere die Verursachung einer Katastrophe durch Explosion, Feuer, Überschwemmung, Lawine, Einsturz eines Gebäudes, Freisetzung von Giftgas und radioaktivem Material.[9]

Niemand darf in Rhode Island das Bein eines anderen abbeißen.

Die Strafe für Verstümmelung oder Verkrüppelung wird im US-Staat Rhode Island folgendermaßen beschrieben:
Jede Person, die freiwillig, böswillig oder aus Absicht ein Auge

ausgeht, Nase, Ohr oder Lippe aufschlitzt oder eine Gliedmaße eines anderen abschneidet, abbeißt oder verkrüppelt, wird für ein bis zwanzig Jahre inhaftiert.[10]

In Kanada ist es strafbar, einen Kranken zu töten, indem man ihn erschreckt.

Bevor Sie jemanden in Kanada erschrecken, sollten Sie sich vergewissern, ob er gesund ist. Sonst könnten Sie ungewollt zum Mörder werden.[11]

Während eines Mordes ist es in New Jersey verboten, eine kugelsichere Weste zu tragen.

Paragraf 2C: 39-13 des Strafgesetzbuchs des US-Staats New Jersey: *Unerlaubter Gebrauch von Schutzwesten sieht eine zusätzliche Freiheitsstrafe vor, wenn ein Mörder während der Tat eine Schutzweste trägt.*

Knastis brauchen kein Verhüterli
Absurdes aus Gericht und Gefängnis

Auf hoher See und vor Gericht ist dein Leben in Gottes Hand, weiß der Volksmund. Denn man begegnet dort befangenen Richtern, inkompetenten Anwälten und kann zu ungewöhnlichen Strafen verurteilt werden. Im Gefängnis geht es dann nicht wirklich lustig zu. Es gibt null Sex, dafür müssen Disney-Zeichentrickfilme angeschaut werden.

Die Robe ist über der Kleidung zu tragen.

Aus dem Merkblatt über die Amtstracht im Geschäftsbereich des Niedersächsischen Justizministeriums: *Die Robe wird über der Kleidung getragen und verdeckt diese.*[1]

Ein Richter darf Angeklagte nicht in die Arrestzelle sperren, um ein Geständnis von ihnen zu erpressen.

Ein Angeklagter stand wegen Exhibitionismus vor Gericht und stritt die Tat ab. »Ich zeige Ihnen mal, wie ihre Zukunft aussehen kann«, drohte ihm der Richter und ließ ihn kurz in die Arrestzelle im Keller einsperren. Der Schock wirkte, denn danach legte der Angeklagte das gewünschte Geständnis ab. Für den Richter hatte der Vorfall ein Nachspiel. Er wurde entlassen und musste sich nun selbst wegen Rechtsbeugung und Aussageerpressung verantworten.[2]

Inkompetenter Anwalt fordert die Todesstrafe für den eigenen Mandanten.

Der Anwalt Dennis Hawver verteidigte einen wegen Mordes angeklagten Mandaten. Er beging eine Reihe haarsträubender Fehler. Unter anderem trat er einen Alibibeweis nicht an, dafür offenbarte er der Jury, dass sein Mandant bereits wegen Totschlags vorbestraft war. In seinem Plädoyer forderte er selbst die Todesstrafe für seinen Mandanten, die dann auch verhängt wurde. Das Kansas Supreme Court entzog ihm später die Anwaltszulassung wegen »unerklärlicher Inkompetenz«. Und sein möglicherweise unschuldiger Mandant versuchte mit einem anderen Anwalt das Todesurteil aufheben zu lassen.[3]

In Thailand müssen Polizisten, die das Gesetz gebrochen haben, eine pinke »Hello Kitty«-Armbinde tragen.

Diese Disziplinarmaßnahme ist für kleinere Übertretungen vorgesehen wie Zuspätkommen, Falschparken und Abfall auf die Straße werfen. Eine Katzenfigur für Kinder ist nicht etwas, das Macho-Polizisten über ihrem Bizeps tragen wollen. Ziel dieser Maßnahme ist es, Schuldgefühle in den Polizisten hervorzurufen.[4]

Knastis brauchen keine Kondome.

Die Frage, ob ein Strafgefangener Anspruch auf kostenlose Aushändigung von Kondomen hat, wurde vom Oberlandesgericht Koblenz verneint. Denn die kostenlose Ausgabe liefe auf eine Förderung homosexueller Verhaltensmuster hinaus.

Offenbar ganz klar: Homosexualität ist in deutschen Gefäng-
nissen unerwünscht.[5]

Im Internet gibt es »Hotelführer«
für die deutschen Justizvollzugsanstalten.

Wie Urlauber auf holidaycheck.de ihr Hotel können Häftlinge
ihren Knast bewerten. Die Spannbreite der Bewertungen reicht
auf knastforum.de von Horror-Knast bis zum Fünf-Sterne-
Luxusknast. Wenn Sie sich anhand der Bewertungen eine schöne Unterkunft ausgesucht haben, müssen Sie nur noch durch
die Vollzugspläne herausfinden, welche Art Langzeiturlauber
ihre Wunschbleibe aufnimmt. Haben Sie dann eine passende
Straftat begangen, schenkt Ihnen die Staatsanwaltschaft einen
längeren Aufenthalt in ihrem ausgewählten Hotel mit Gitter-
blick, Vollpension inklusive.[6]

Lustige Facebook-Posts wie
»Wir geben Ihrer Zukunft ein Zuhause: JVA«
können einen Richter befangen machen.

Ein Strafkammervorsitzender postete ein Foto von sich auf
Facebook, das ihn mit einem Bierglas in der Hand auf einer Ter-
rasse sitzend zeigt. Dabei trägt er ein T-Shirt mit der Aufschrift:
»Wir geben Ihrer Zukunft ein Zuhause: JVA.« Seinen seltsam
bierseligen Blick auf dem Foto kommentierte der Richter so:
»Das ist mein ›Wenn du rauskommst, bin ich in Rente‹-Blick.«
Der Bundesgerichtshof bejahte eine Befangenheit des Vorsitzenden. Der Inhalt der öffentlich und somit auch für jeden Ver-
fahrensbeteiligten zugänglichen Facebook-Seite dokumentiert
eindeutig eine innere Haltung des Vorsitzenden, die bei ver-
ständiger Betrachtung besorgen lässt, dieser beurteile die von

ihm zu bearbeitenden Strafverfahren nicht objektiv, sondern habe Spaß an der Verhängung hoher Strafen und mache sich über die Angeklagten lustig.[7]

Nach drei Straftaten wandert man in den USA mancherorts lebenslang hinter Gitter.

In mehreren Bundesstaaten gilt das »Three-strikes law« (sinngemäß: »Drei-Verstöße-Gesetz«), nach dem bei der dritten Verurteilung wegen einer Straftat automatisch und zwingend eine lebenslange Haftstrafe verhängt wird. Der Begriff kommt vom Baseball, wo ein Schlagmann nach dem dritten Fehlschlag (»strike«) ausscheidet und bis zur nächsten Runde nicht mehr am Spielgeschehen teilnehmen darf. Für Straftäter bedeutet das eine lebenslange Auszeit.[8]

Ein deutscher Richter schläft während der Verhandlung nicht, er hört mit geschlossenen Augen nur konzentriert zu.

Ein Urteil wurde mit der Begründung angefochten, einer der Richter habe während der Verhandlung geschlafen. Das Bundesverwaltungsgericht sah im Schließen der Augen über weite Strecken der Verhandlung und dem Senken des Kopfes auf die Brust kein Schlafen – diese Haltung könne auch zur geistigen Entspannung oder zwecks besonderer Konzentration eingenommen werden. Erst wenn Schnarchen dazukomme, könne ein Schlafen vorliegen. Allerdings könne ruhiges tiefes Atmen ebenfalls ein Anzeichen geistiger Entspannung oder Konzentration sein, und gerade dies lasse darauf schließen, dass der Richter den Atmungsvorgang bewusst kontrolliere und nicht schlafe. Kurzum: Ein deutscher Richter schläft niemals während Verhandlungen.[9]

Jugendlicher wird zu zwanzig Stunden lesen verurteilt.

Ein neunzehnjähriger Mann war zum zweiten Mal mit einem falsch montierten Kennzeichen an seinem Motorrad aufgefallen. Das Amtsgericht München verurteilte ihn zu einer »Leseweisung« von zwanzig Stunden. Unter Aufsicht muss er nun Bücher lesen. Das ist für jemanden, dessen Lesen sich wahrscheinlich auf Kurznachrichten auf dem Smartphone beschränkt, eine durchaus harte Strafe.[10]

Frau, die den Taxipreis geprellt hat, wird verurteilt, in 48 Stunden dreißig Meilen zu Fuß zu gehen.

Eine Frau war dreißig Meilen mit dem Taxi gefahren. Dann verließ sie es, ohne den Fahrpreis zu bezahlen. Der Richter in Ohio dachte sich eine kreative Strafe aus: Die Frau musste die gleiche Strecke zu Fuß gehen.[11]

Reh-Wilderer wird verurteilt, zwölfmal »Bambi« anzusehen.

David Berry Jr. wurde zu einem Jahr Gefängnis verurteilt, weil er Rehe illegal getötet hatte. Zusätzlich musste er hinter Gittern ein Jahr lang mindestens einmal im Monat den Disney-Klassiker »Bambi« ansehen.[12]

Sträfling kann Gott nur verklagen, wenn er eine zustellfähige Anschrift nennt.

Der vierzigjährige Mircea P. musste in Rumänien wegen Mordes eine zwanzigjährige Haftstrafe absitzen. Auf der Suche nach

Schuldigen für seine Verurteilung kam er auf Gott und verklagte ihn. »Während meiner Taufe bin ich einen Vertrag mit dem Beschuldigten eingegangen, der mich vor dem Bösen bewahren sollte«, erklärte P. in seiner Klageschrift. Gott sei »wohnhaft im Himmel« reichte der Justiz aber nicht. Sie wies die Klage zurück, da Gott »keine juristische Person« sei und »keine Adresse« habe.[13]

Härtere Strafen würden Straftäter nicht abschrecken.

Die Drohung einer harten Strafe kann nur bei einem planenden Täter wirken. Ein Großteil der Taten wird aber im Affekt verübt: Der Täter handelt spontan aus der Situation heraus und macht sich keine Gedanken über die strafrechtlichen Konsequenzen. Aber auch der planende Täter lässt sich durch höhere Strafen nicht unbedingt abschrecken. Denn sein Tatplan sieht vor, nicht erwischt zu werden.

Wie wenig hohe Strafen abschrecken, zeigt das Beispiel der USA. Dort werden drakonische Strafen verhängt. Die USA haben eine zehnmal so hohe Inhaftierungsquote wie Deutschland. Trotzdem ist die Kriminalität in den USA keineswegs geringer als in Deutschland, ganz im Gegenteil. Nicht einmal die Todesstrafe schreckt dort ab.[14]

Bedienstete in kalifornischen Gefängnissen dürfen nicht länger Sex mit den Insassen haben.

Mit einer Gesetzesänderung wurde 2012 jeder sexuelle Kontakt zwischen Wärtern und Häftlingen in Kalifornien verboten. Das Sexverbot gilt nicht nur im Gefängnis, sondern auch in Transportwagen und im Gericht.

Die detaillierte Beschreibung von Tätern und Opfern, Orten und sexuellen Techniken lässt vermuten, dass Sex im Gefängnis früher an der Tagesordnung war.[15]

Reden ist Gold,
Schweigen bedeutet Haft.

Das gilt jedenfalls für Zeugen vor Gericht. Schweigen sie, können sie bis zu sechs Monate in Beugehaft genommen werden. (§ 70 Abs. 2 StPO)

Verurteilter in Spanien
muss das Urteil gegen sich dreißig Tage lang
täglich twittern.

Der Chef einer spanischen Verbraucherorganisation hatte täglich beleidigende Kurznachrichten über einen Konkurrenten getwittert. Das Gericht verurteilte ihn zur Löschung von 57 besonders diffamierenden Tweets und 4000 Euro Schadensersatz. Zusätzlich musste er das gegen ihn verhängte Urteil dreißig Tage lang täglich auf Twitter veröffentlichen.[16]

Erlaubte Morde, nicht strafbarer Samenraub und andere Gesetzeslücken

Mancher fühlt sich durch das Strafgesetzbuch in seiner Lebensgestaltung erheblich eingeschränkt. Doch zu Unrecht – wir alle dürfen viel mehr, als wir glauben. Wollten Sie schon immer mal ganz legal Geld fälschen, schwarzfahren, den Ehemann umbringen oder aus dem Gefängnis ausbrechen? Das ist mitunter kein Problem.

Vor der Polizei wegzulaufen ist in Deutschland legal und darf nicht bestraft werden.

Es gibt keinen Paragrafen, der das Weglaufen vor der Polizei unter Strafe stellt. Die bloße Flucht vor der Polizei stellt auch keinen Widerstand gegen Vollstreckungsbeamte gemäß § 113 StGB dar.[1]

Das Fälschen der Deutschen Mark ist seit der Einführung des Euros nicht mehr illegal.

Die Deutsche Mark ist kein gesetzliches Zahlungsmittel mehr. Gemäß Drittem Euro-Einführungsgesetz vom 16. Dezember 1999 besteht auch kein strafrechtlicher Schutz gegenüber DM-Falschgeld mehr.
Der Versuch, das gefälschte Geld in der Bank gegen Euro umzutauschen, ist hingegen strafbar.

Ist der Ehemann ein Ekelpaket, darf man ihn umbringen, ohne dafür ins Gefängnis zu kommen.

Die Fleischereifachverkäuferin L. H. entschloss sich, ihren Ehemann umzubringen. Sie wartete, bis er im Ehebett eingeschlafen war, dann schnitt sie ihm mit einem dreißig Zentimeter langen Fleischermesser fachgerecht die Kehle durch. Als er tot war, rief sie die Polizei. Vor Gericht schilderte sie den Mord als einzige Möglichkeit, der unerträglich gewordenen Ehe zu entkommen. Ihr Mann sei im betrunkenen Zustand wiederholt gewalttätig geworden. Sie habe befürchtet, dass er auch das gemeinsame Kind schlagen würde. Deshalb habe sie ihn umgebracht.

Das Landgericht hatte Verständnis für die Ermordung des Ekelpakets und machte von einer doppelten Strafrahmenverschiebung Gebrauch. Es erkannte auf eine Freiheitsstrafe von lediglich zwei Jahren, die zur Bewährung ausgesetzt wurde. Die Frau musste also für ihren Mord nicht ins Gefängnis.[2]

Lügen an sich ist nicht strafbar.

Statistisch soll jeder Mensch bis zu 200-mal am Tag lügen. Wäre dies strafbar, säßen die meisten Bürger im Gefängnis.
Nur in eng begrenzten Ausnahmefällen ist Lügen strafbar: Wenn jemand durch eine Lüge getäuscht werden soll, kann das einen Betrug darstellen. Und Zeugen unterliegen vor Gericht der Wahrheitspflicht.

Samenraub ist nicht strafbar.

Samenraub (lat.: *rapina seminum*) bezeichnet eine Technik, bei der einem Mann beim Geschlechtsverkehr der Samen entnommen wird, um diesen später, ohne Wissen und Zustimmung des

Mannes, zur Befruchtung einer weiblichen Eizelle zu verwenden. Befriedigt die Frau den Mann etwa oral, kann sie den in ihren Mund ejakulierten Befruchtungssaft in einen bereitgestellten Behälter mit Eis spucken und ihn später für eine künstliche Befruchtung benutzen. Eine andere Möglichkeit, einen Samenraub zu begehen, wäre es, ein benutztes Kondom sicherzustellen und dessen Inhalt für die spätere künstliche Befruchtung einer Frau zu verwenden. (Täterin ist in solchen Fällen gerne einmal ein gut aussehendes, aber arbeitsloses Model und das Opfer ein männlicher Prominenter.) Im Unterschied zu anderen populären Raubdelikten wie zum Beispiel Bankraub, Mundraub und Aktenraub besteht für den Samenraub eine Strafbarkeitslücke. Die Samenräuberin kann bei sachgerechter Auswahl des Opfers (wohlhabender Extennisstar?) sogar mit fürstlichen und lebenslangen Unterhaltszahlungen rechnen. Endlich mal ein Verbrechen, das nicht nur Spaß bringt, sondern risikolos ist und sich wirklich lohnt.

Hochstapelei als solche ist kein Straftatbestand.

Unzufrieden mit seinem Allerweltsberuf und dem leeren Portemonnaie überlegt sich mancher, etwas aufzuschneiden. Wie schön ist es doch, der High Society anzugehören, einen hochangesehenen Beruf zu haben und dazu noch vermögend zu sein. Und wie gut, dass Hochstapelei an sich nicht strafbar ist. Strafbar sind jedoch Betrug, Amtsanmaßung und Missbrauch von Titel und Berufsbezeichnungen, die damit oft einhergehen. Wenn jemand behauptet, er sei Anlageberater, ist das straflos; betrügt er die Anleger aber um ihr Geld, macht er sich strafbar.

In Italien können Obdachlose nicht bestraft werden, wenn sie Essen stehlen.

Ein Obdachloser hatte 2011 in einem Supermarkt in Genua zwei Stückchen Käse und eine Packung Würstchen gestohlen. Dafür wurde er zu sechs Monaten Haft und hundert Euro Geldstrafe verurteilt, obwohl die Lebensmittel einen Wert von gerade einmal vier Euro hatten. Das Oberste Gericht Italiens hob das Urteil auf, weil der Ladendieb aus einem »unmittelbaren und existenziellen Bedürfnis nach Nahrung« heraus gehandelt habe. Das Recht auf Überleben wiege schwerer als das Eigentumsrecht eines Supermarkts.[3]

Wer in Deutschland eine Straftat mit über 3,0 Promille Blutalkoholkonzentration begeht, gilt als schuldunfähig und wird nicht bestraft.

Ab 3,0 Promille wird im Allgemeinen eine Schuldunfähigkeit angenommen, bei Tötungsdelikten wegen der höheren Hemmschwelle im Allgemeinen erst ab 3,3 Promille. Der schuldunfähige Täter kann nicht bestraft werden.[4]

Die Flucht aus dem Gefängnis ist in Deutschland straffrei, Beihilfe zum Gefängnisausbruch kann hingegen bestraft werden.

Die Flucht aus dem Gefängnis als solche ist straffrei. Schon 1880 war der Gesetzgeber der Meinung, dass die »Selbstbefreiung« straffrei bleiben müsse, da sie dem natürlichen Freiheitstrieb des Menschen entspreche und dieser ein Recht auf Freiheit habe.

Die Hilfe zur Flucht ist jedoch gemäß § 120 StGB strafbar.

Wer einen Gefangenen befreit, ihn zum Entweichen verleitet oder dabei fördert, wird mit Freiheitsstrafe bis zu drei Jahren oder mit Geldstrafe bestraft.

Inzest ist in Frankreich straffrei.

In Frankreich wurde Inzest im Zuge der Aufklärung 1810 mit dem Strafgesetzbuch Napoleons für straflos erklärt. In Deutschland dagegen ist der Beischlaf zwischen Verwandten gemäß § 173 StGB verboten.[5]

Wenn einem versehentlich zu viel Wechselgeld ausgehändigt wird, ist es nicht verboten, es zu behalten.

Es liegt in so einem Fall insbesondere kein Betrug gemäß § 263 StGB vor, denn man täuscht die Kassiererin ja nicht aktiv. Der Kunde ist auch nicht verpflichtet, die Kassiererin auf ihren Irrtum hinzuweisen. Allein das Ausnutzen des Irrtums der Kassiererin ist also nicht strafbar.

Man muss polizeilichen Vorladungen nicht Folge leisten. Die Polizei lädt einen lediglich dazu ein, sich zu dem Vorfall zu äußern.

Der Beschuldigte ist nur auf Ladungen der Staatsanwaltschaft zum Erscheinen verpflichtet, § 163a Abs. 3 S. 1 StPO. Mangels gesetzlicher Erscheinenspflicht kann man polizeiliche Vorladungen getrost ignorieren.

Wer beim Schwarzfahren einen Zettel mit sich trägt, auf dem deutlich steht: »Ich fahre schwarz!«, begeht keine Leistungserschleichung mehr und somit keine Straftat.

Das Amtsgericht Eschwege hat einen Schwarzfahrer mit der Begründung vom Vorwurf der Leistungserschleichung freigesprochen, er habe mit dem deutlich sichtbaren Zettel offenbart, ein zahlungsunwilliger Fahrgast zu sein. Er habe somit die Beförderung nicht erschlichen.

Vorsichtshalber sei angemerkt, dass es abweichende Urteile anderer Gerichte gibt, nach denen ein Bekenntnis zum Schwarzfahren nicht vor Strafe schützt.[6]

»ACAB« ist eine straflose Beleidigung des Kollektivs und von der Meinungsfreiheit geschützt, solange es sich gegen die Polizei als Ganzes richtet.

Das Akronym »A.C.A.B.« steht für den englischen Ausspruch »All cops are bastards«, wörtlich ›Alle Polizisten sind Bastarde‹. Das Bundesverfassungsgericht hat entschieden, die Parole sei als allgemeine Äußerung von der Meinungsfreiheit abgedeckt, da damit eine »allgemeine Ablehnung der Polizei und ein Abgrenzungsbedürfnis gegenüber der staatlichen Ordnungsmacht zum Ausdruck« gebracht würde und diese nur als Beleidigung einzustufen sei, sofern sie sich auf eine »hinreichend überschaubare und abgegrenzte Personengruppe« beziehe.[7]

In Deutschland ist lediglich der Besitz von Drogen illegal. Der Konsum hingegen ist straffrei.

Der bloße Konsum von Betäubungsmitteln ist straflos, denn der Konsum als solcher ist nicht im Betäubungsmittelgesetz geregelt, sodass gemäß dem Grundsatz »keine Strafe ohne Gesetz« keine Bestrafung erfolgen darf.

Allerdings ist alles andere rund um Betäubungsmittel verboten, so auch der Besitz von Betäubungsmitteln gemäß § 29 Abs. 1 Nr. 3 BtMG. Wer Drogen konsumiert, muss diese zuvor zumindest für eine juristische Sekunde besessen haben. Die Strafbarkeit des Besitzes setzt die Straflosigkeit des Konsums von Betäubungsmitteln faktisch außer Kraft.

Mit einem Kunstpenis und Shampoo darf man vor einer Schülerin onanieren.

Ein etwas verklemmter Exhibitionist wollte ein »tolles Gefühl« erleben. Dazu benutzte er einen Kunstpenis, der einem erigierten Glied täuschend echt nachgemacht war. Diesen seifte er mit Shampoo so ein, dass dies wie ein Ejakulat aussah. Vor einer Schülerin nahm er an dem Kunstpenis onanierende Bewegungen vor. Das Landgericht Koblenz stellte fest, dies ist keine exhibitionistische Handlung i. S. d. § 183 StGB, da essenziell für diese das Entblößen des eigenen Gliedes sei.

Exhibitionist ist also nicht schon, wer nur eine Attrappe vorzeigt. Genützt hat dem Zeigefreudigen dies allerdings nichts, da er stattdessen wegen Erregung öffentlichen Ärgernisses gemäß § 183a StGB zu sechs Monaten Freiheitsstrafe auf Bewährung verurteilt wurde.[8]

Fake-Profile auf Facebook sind nicht strafbar.

Es ist nicht illegal, sich unter falschen Namen bei Facebook anzumelden und ein Fake-Profil anzulegen. Denn es ist rechtlich nicht relevant, wenn jemand unter einem falschen Namen in den sozialen Netzwerken auftritt. Allerdings kann Facebook das Fake-Profil löschen, weil es gegen die Nutzungsbedingungen verstößt.

Abergläubische Versuche, einem anderen Menschen zu schaden, wie Hexerei, Flüche oder Voodoo-Zauber, sind in Deutschland nicht strafbar.

Das reine Gedankenverbrechen, das nach den anerkannten Naturgesetzen unmöglich zu einem Erfolg führen kann, ist straflos.[9]

Flensburg-Punkte kann man verkaufen.

Punktesieger in Flensburg zu werden kann den Autofahrer über kurz oder lang zum Fußgänger machen. Doch es gibt Agenturen im Internet, die für hundert bis tausend Euro die Punkte übernehmen. Sie vermitteln Strohmänner, die auf dem Anhörungsbogen angeben, bei einem Verkehrsverstoß gefahren zu sein. Das ist legal, denn es ist nicht strafbar, sich selbst einer Ordnungswidrigkeit zu bezichtigen. Der echte Fahrer ist zudem nicht verpflichtet, sich selbst zu belasten. Das Risiko, dass der Schwindel auffliegt, ist gering, denn die überlasteten Bußgeldbehörden prüfen die Fahreridentität nicht, wenn jemand zugibt, der Fahrer zu sein.

In Russland galt Bier bis 2011 als herkömmliches Nahrungsmittel. Erst mit einem neuen Gesetz wurde es zum alkoholischen Getränk erklärt.

Alles, was weniger als zehn Prozent Alkohol enthielt, galt in Russland bis 2011 als Nahrungsmittel. Nachdem das Biertrinken überhandnahm (der Bierkonsum stieg in zehn Jahren um vierzig Prozent), stufte die Regierung Bier als alkoholisches Getränk ein, um den Bierverkauf besser kontrollieren zu können.[10]

»Sie können mich mal ...« ist keine Beleidigung.

»Wissen Sie was, Sie können mich mal ...« hatte der Falschparker zu der Politesse gesagt. Das Oberlandesgericht Karlsruhe hob seine Verurteilung wegen Beleidung auf. Denn die Redewendung »Sie können mich mal ...« ist interpretationsbedürftig. Der Angeklagte hatte das vollständige »Götz-Zitat« ja nicht gesagt und die Politesse den unvollständigen Satz nur für sich ergänzt. Der Angeklagte kann ja auch »... gernhaben« gemeint haben.[11]

Rettungsfahrt für Wellensittich
Irrsinniges aus dem Verkehrsrecht

Sie wollten immer schon mal wissen, ob Sie einen Wheelie fahren oder das soeben überfahrene Reh zum Abendessen mit nach Hause nehmen dürfen? In dieser Auswahl seltsamer Gesetze und Urteile erhalten Sie die Antworten.

Wer in Deutschland die Autotür zu laut zuschlägt, dem droht ein Bußgeld in Höhe von zehn Euro.

Wann laut zu laut ist, verrät § 30 Abs. 1 S. 2 StVO allerdings nicht.

Auf Helgoland ist Fahrradfahren verboten.

Auf der Insel Helgoland ist das Radfahren gemäß § 50 StVO verboten. Grundsätzlich darf man ein Rad auf der Insel zwar besitzen, aber nicht benutzen. Wer trotzdem auf Rädern unterwegs sein will, kann einen Tretroller nehmen. Der ist nämlich nicht verboten.

Überfahrene Tiere dürfen Sie in West Virginia in den Kofferraum packen und mit nach Hause zum Abendessen nehmen.

Die sogenannte »Road Kill Law« im US-Bundestaat West Virginia stillt nicht nur den Hunger abenteuerlustiger Fahrer nach

kostenlosem Fleisch, sondern senkt auch die staatlichen Straßen-
reinigungskosten. Gerüchteweise soll der Verkauf von Gelände-
wagen mit Rammschutz und die Zahl tödlicher Wildunfälle in
West Virginia seit dem Inkrafttreten dieses Gesetzes 1998 dra-
matisch zugenommen haben.[1]

Die Rettung eines Wellensittichs
rechtfertigt kein Rasen.

Ein Autofahrer raste über die Autobahn und überschritt die zu-
lässige Geschwindigkeit um 54 km/h. Er wurde geblitzt. Im
späteren Verfahren meinte er, die Überschreitung sei gerechtfertigt gewesen, weil er eine Frau mit ihrem im Koma liegenden
Wellensittich möglichst schnell zum Tierarzt habe fahren
wollen.

Mit der Einlassung hatte er jedoch keinen Erfolg. Die Geschwindigkeitsüberschreitung war zur Rettung des Wellensittichs nicht gerechtfertigt. Es bestand eine Gefahr für Leib
und Leben von Menschen, sodass demgegenüber die Rettung
des Wellensittichs zurücktreten musste.[2]

Um das Bußgeld wegen Rasens
kann man unter Umständen herumkosmmen,
wenn das Gesicht verdeckt wird.

Bei Radarfallen wird die Fahreridentifizierung mittels des
Frontfotos vorgenommen. Schon eine große Sonnenbrille kann
eine Identifizierung verhindern. Erst recht Masken, wenn sie
nicht nur zu Halloween oder Karneval getragen werden. Allerdings könnte das Gericht ein anthropologisches Sachverständi-
gengutachten einholen. Damit lassen sich Fahrer auch nur anhand eines Details, etwa eines Ohrläppchens, identifizieren.

Eine Sonnenbrille ist also zu unsicher; was Sie brauchen, ist eine Vollmaske.

Großen Wandergruppen ist es untersagt, im Gleichschritt Brücken zu überqueren.

§ 27 Abs. 6 StVO: *Auf Brücken darf nicht im Gleichschritt marschiert werden.* Denn es besteht die Gefahr, dass das Bauwerk durch übermäßige Schwingungen zum Einsturz gebracht wird.

Wer betrunken Fahrrad fährt, kann seinen Führerschein verlieren.

Manche Schnapsdrossel will Probleme mit der Polizei vermeiden, indem sie das Auto stehen lässt und stattdessen das Fahrrad nimmt. Doch auch das Fahrrad gilt als Fahrzeug und der Fahrradfahrer als Verkehrsteilnehmer. Wer betrunken Fahrrad fährt und dabei mit 1,6 Promille Alkohol oder mehr erwischt wird, kann den PKW-Führerschein verlieren.

Ein Mofa ohne Führerschein zu fahren ist im Vergleich zum Auto keine Straftat, sondern lediglich eine Ordnungswidrigkeit, die mit einem Bußgeld in Höhe von zwanzig Euro geahndet wird.

Für Mofas wird keine Fahrerlaubnis benötigt, sondern nur eine Prüfbescheinigung. Hat man die nicht, kostet die Mofafahrt ohne Lappen nur zwanzig Euro.

Zur Unterhaltung dürfen Sie sogar einen Wheelie fahren, solange Sie niemanden gefährden oder andere Verkehrsregeln missachten.

Ein junger Motorradfahrer sollte wegen Wheelie-Fahrens den Führerschein verlieren. Das Gericht definierte zunächst, was ein Wheelie ist. Bei diesem wird durch eine gezielte Betätigung des Gashebels bewirkt, dass sich das Kraftrad mit dem Vorderrad von der Straße aufrichtet. Das sei zwar ein »grotesk-absurdes Fahrmanöver«, würde für sich aber noch keinen verkehrsfremden Eingriff in den Straßenverkehr im Sinne des § 315b StGB darstellen.[3]

Mit dem Auto unnötig hin- und herzufahren ist innerhalb geschlossener Ortschaften verboten und kann mit einem Verwarnungsgeld geahndet werden.

Unnützes Hin- und Herfahren ist innerhalb geschlossener Ortschaften verboten, wenn andere dadurch belästigt werden (§ 30 Abs. 1 S. 3 StVO). Spazieren fahren oder planlos durch eine Innenstadt fahren kostet zwanzig Euro.

Freihändiges Fahrradfahren ist in Deutschland nicht erlaubt.

Es darf nicht freihändig gefahren werden, schreibt § 23 Abs. 3 S. 2 StVO knapp vor.

Schwerer Alkohol- oder Drogenmissbrauch am Steuer kann nicht nur zum sofortigen Entzug des Führerscheins, sondern auch zum Verbot des Führens fahrerlaubnisfreier Fahrzeuge, z. B. Fahrräder, führen.

Geklagt hatte ein Mann, dem die Fahrerlaubnisbehörde verboten hatte, fahrerlaubnisfreie Fahrzeuge zu führen, nachdem er unter Einfluss von Cannabis, Alkohol und Methadon am Steuer erwischt worden war. Das Verwaltungsgericht lehnte seine Klage dagegen ab und erklärte das ausgestellte Fahrverbot der Behörde für rechtmäßig. Denn auch von einem fahrungeeigneten Führer fahrerlaubnisfreier Fahrzeuge gehe ein erhebliches Gefährdungspotenzial aus – für diesen selbst sowie für andere Verkehrsteilnehmer.[4]

Ein belgischer Autofahrer bekam einen Bußgeldbescheid über 6597 Euro, weil er mit 696 km/h in einer Tempo-50-Zone geblitzt wurde.

Tatfahrzeug war ein Opel Astra, dem man so eine Jetgeschwindigkeit gar nicht zutrauen würde. Des Rätsels Lösung: Die Beamten hatten am Messgerät einen falschen Code eingegeben, der zu dem Auswurf der absurd hohen Geschwindigkeit geführt hatte. Der Mann war tatsächlich zu schnell gefahren, aber um 60 km/h, nicht um 650 km/h.[5]

Wer eine schwangere Frau in den Wehen ins Krankenhaus fährt, ist nicht automatisch dazu berechtigt, das vorgeschriebene Tempolimit zu überschreiten.

Eine Überschreitung der Höchstgeschwindigkeit ist nur im Falle eines Notstands, also einer Gefahr für Leib und Leben, erlaubt. Da Wehen meist keine lebensbedrohliche Situation darstellen, liegt in den meisten Fällen auch kein rechtfertigender Notstand i. S. v. § 16 OWiG vor.[6]

Wer während einer Autofahrt dringend seine Notdurft verrichten muss, ist nicht dazu berechtigt, das Tempolimit zu überschreiten, um schneller eine Toilette zu erreichen.

Ein Autofahrer hatte aufgrund einer Durchfallerkrankung das Tempolimit außerorts um 50 km/h überschritten, um den nächsten Parkplatz zu erreichen. Laut dem Gericht hätte der Betroffene seine Notdurft auf dem Seitenstreifen der Autobahn verrichten können.[7]

Wer sich in einem Taxi übergibt, muss die Reinigung selbst zahlen. Fährt der Taxifahrer jedoch weiter, obwohl der Fahrgast das Unglück ankündigt und ihn bittet, anzuhalten, können dem Fahrer im Falle des Erbrechens bis zu fünfzig Prozent der Kosten auferlegt werden.

Der Fahrgast hatte auf dem Münchener Oktoberfest ein paar Maß Bier getrunken. Während der Taxifahrt nach Hause wurde ihm schlecht, und er bat den Fahrer, anzuhalten. Doch der fuhr weiter. Der Mann musste sich übergeben. Der Taxifahrer musste das verschmutzte Taxi reinigen. Zusammen mit dem Verdienstausfall verursachte dies bei ihm einen Schaden von 241 Euro. Diese Kosten verlangte er von seinem Fahrgast.

Das Amtsgericht München sprach dem Taxifahrer die Hälfte seiner Schadenersatzforderung zu. Unstreitig habe der Beklagte sich während der Taxifahrt in dem vom Kläger gefahrenen Taxi übergeben und das Taxi beschmutzt. Dies stelle eine Pflichtverletzung des Beförderungsvertrages dar. Da er zumindest angetrunken gewesen sei, habe er mit dem Eintritt des Schadens auch rechnen müssen. Allerdings sei der Schadenersatzanspruch wegen des Mitverschuldens des Taxifahrers auf die Hälfte zu reduzieren, denn dieser habe der Bitte anzuhalten nicht Folge geleistet.[8]

Fahrlehrern ist es erlaubt, während der Fahrstunde ihr Handy zu benutzen.

Entscheidend ist, wer das Fahrzeug führt. Wenn der Fahrschüler schon genug Fahrpraxis gesammelt hat, kann der Ausbilder nicht als Fahrzeugführer angesehen werden. Dementsprechend kann er sein Handy benutzen. Dies gilt allerdings nur, solange er nicht in das Geschehen eingreift. Greift ein Fahrlehrer mit dem Handy in der Hand beispielsweise an das Lenkrad, um die Fahrtrichtung zu korrigieren, liegt ein Verstoß gegen § 23 Abs. 1 a) StVO vor.[9]

Wer sein Handy beim Fahrradfahren benutzt, kann mit einer Geldbuße von 55 Euro bestraft werden.

Bußgeldkatalog Nr. 123172: Sie benutzten als Radfahrer ein elektronisches Gerät, das der Kommunikation, Information oder Orga-

nisation dient oder zu dienen bestimmt ist, in vorschriftswidriger
Weise, § 23 Abs. 1a, § 49 StVO; § 24 StVG; 246.4 BKat. Das Buß-
geld beträgt 55,00 Euro.

Ein Fußgänger darf sein Vorrecht auf einem Zebrastreifen nicht erzwingen oder achtlos einen Zebrastreifen betreten.

Ein Fußgänger war nachts auf dem Zebrastreifen von einem Auto
angefahren worden und klagte auf Schadensersatz. Der Autofahrer hatte den Fußgänger bemerkt und hätte anhalten müssen.
Der Fußgänger seinerseits hatte aber ebenfalls bemerkt, dass der
Autofahrer ungebremst weiterfuhr. Auch an Fußgängerüberwegen dürfen Fußgänger ihr Vorrecht weder erzwingen noch acht-
los auf den Überweg treten. Besonders im Dunkeln habe der
Fußgänger den Fahrverkehr mit Sorgfalt zu beachten und bei
erkennbarer Gefährdung durch nahende Fahrzeuge abzuwarten.
Andernfalls verstoße der Fußgänger gegen das Rücksichtnah-
megebot aus § 1 Abs. 2 StVO. Das Gericht kürzte den Schadensersatz wegen Mitverschuldens des Fußgängers um 25 Prozent.[10]

Solange der Motor dabei ausgeschaltet bleibt, ist es dem Fahrer erlaubt, an einer roten Ampel mit dem Handy zu telefonieren.

Das Handyverbot am Steuer gilt gem. § 23 Abs. 1b StVO nicht
für ein stehendes Fahrzeug mit ausgeschaltetem Motor. Eine
verbotswidrige Benutzung eines Mobiltelefons durch einen
Fahrzeugführer liegt nicht vor, wenn das Fahrzeug steht und
der Motor infolge eines automatischen Ausschaltens des Motors
(Start-Stopp-Funktion) vor einer roten Ampel ausgeschaltet
ist.[11]

Autofahren macht träge, fett und fluchtunfähig.

Der junge Angeklagte war entsetzt, denn er sollte für längere Zeit auf seinen Führerschein verzichten. Der Hinweis, er möge doch die führerscheinlose Zeit zum gesundheitsfördernden Radfahren oder Fußmarsch nutzen, tröstete ihn nicht. Deshalb ermahnte ihn das Gericht: »Viele junge Leute sind augenscheinlich nicht einmal mehr gewillt, auch nur die kleinsten Besorgungen zu Fuß zu erledigen. Arme deutsche Jugend! Nicht nur durch Platt-, Spreiz- und Senkfüße dazu genötigt, den Sonntagsspaziergang allenfalls auf wenige Meter Entfernung vom fahrenden Untersatz zu beschränken, wird sie schließlich auch noch durch freiwilligen Verzicht auf die Betätigung ihrer Beinmuskeln unfähig, von einem etwaigen Feind auch nur davonzulaufen.«[12]

In den USA darf auch der Beifahrer kein Bier trinken.

In den meisten US-Bundesstaaten gibt es Gesetze, die das Mit-sich-Führen von offenen Dosen, Flaschen oder anderen nicht verschlossenen Behältern mit alkoholischen Getränken (auch wenn sie leer sind) in Fahrzeugen verbieten. Deshalb darf nicht einmal der Beifahrer eine Dose Bier trinken. Der Fahrer soll gar nicht erst in Versuchung geführt werden.[13]

In Italien wird das Auto ab 1,5 Promille konfisziert.

In Italien kann man bei einer Trunkenheitsfahrt nicht nur den Führerschein, sondern auch gleich das Auto verlieren. Wird man mit mehr als 1,5 Promille hinterm Steuer erwischt, wird das Auto beschlagnahmt und zwangsversteigert.[14]

Bier gibt es an bayrischen Tankstellen nur für Autofahrer.

Nach einer Bekanntmachung des Bayerischen Staatsministeriums für Arbeit und Sozialordnung dürfen nur Autofahrer und deren Beifahrer nach 20 Uhr noch bis zu jeweils vier Flaschen Bier an der Tankstelle kaufen. An Fußgänger und Radfahrer darf kein Alkohol verkauft werden.

Nicht überliefert ist, ob die Regelung auf den ehemaligen bayerischen Ministerpräsidenten Kurt Beckstein zurückgeht, der Autofahren nach zwei Litern Bier noch für vertretbar hielt.[15]

Mit einer Pferdekutsche darf man nicht auf den Bürgersteigen von Hilton Head, South Carolina fahren.

Man könnte denken, dies ist eins dieser veralteten Gesetze aus der Postkutschenzeit, die man nur vergessen hatte zu streichen. Doch das Gesetz ist aus dem Jahr 1983.[16]

Kinder dürfen auf den Autobahnen von Oregon nicht auf der Motorhaube, dem Kotflügel oder dem Trittbrett befördert werden.

Der Kinderreichtum in den USA führt dazu, dass ein Auto schnell voll besetzt ist. Doch Oregon hat gewitzten Eltern die Tour vermasselt: Kinder dürfen auf dem Auto nicht außen transportiert werden, insbesondere nicht auf der Motorhaube, dem Kotflügel oder dem Trittbrett.[17]

Seine Reifen darf man in Derby, Kansas nicht quietschen lassen.

Es ist verboten, ein Fahrzeug so zu beschleunigen oder so schnell zu fahren oder eine Kurve so zu fahren, dass die Reifen quietschen. Darauf stehen in Derby, Kansas bis zu 500 Dollar Geldstrafe oder bis zu dreißig Tage Gefängnis.[18]

Man darf in Virginia sein Auto nicht auf Bahngleisen parken.

Wer durch Parken auf den Gleisen einen Zug behindert oder gefährdet, muss im US-Staat Virginia mit einer Geldbuße zwischen 100 und 500 Dollar rechnen.
Die Geldbuße sollte die geringste Sorge des Falschparkers sein, denn meistens gelingt es den Zügen nicht, rechtzeitig anzuhalten.[19]

Wenn die Ampel auf Grün umspringt, ist der ideale Zeitpunkt für alle Fußgänger, jetzt loszugehen.

Diese bahnbrechende Erkenntnis verdanken wir einer Broschüre des Oberbürgermeisters von Düsseldorf. Auf acht Seiten erklärt der Oberbürgermeister dem ahnungslosen Bürger, was die Ampelfarben an Fußgängerüberwegen eigentlich bedeuten. Rot bedeutet übrigens: »Fußgänger, halt! Autofahrer haben freie Fahrt.«[20]

In Saudi-Arabien ist es Frauen erst seit 2018 erlaubt, Auto zu fahren.

Saudi-Arabien ist das einzige Land der Welt, in dem Frauen lange Zeit kein Auto fahren durften. Das Fahrverbot galt über sechs Jahrzehnte lang.[21]

Ein Hamburger Gericht hat erstmals einen Raser enteignet. Dem Mann wurde sein Motorrad abgenommen, mit dem er zuvor mit 226 km/h statt der erlaubten 100 km/h über die Autobahn gerast war.

Der Raser war Ende 2018 von der Polizei angehalten worden, nachdem er über 100 km/h zu schnell auf der Autobahn unterwegs war, mit 129 km/h eine Ortschaft durchfahren und zudem eine rote Ampel missachtet hatte. Er wurde zu 2600 Euro Geldstrafe und neun Monaten Führerscheinsperre verurteilt.

Zusätzlich dazu machte das Gericht in Hamburg erstmals Gebrauch von einem neuen Paragrafen gegen illegale Straßenrennen. Gemäß §§ 315d, 315f StGB darf grob rücksichtsloses und verkehrswidriges Fahrverhalten nicht nur mit zwei Jahren Haft oder Geldstrafe, sondern auch mit dem ersatzlosen Einzug des Kraftfahrzeugs bestraft werden. Das 15 000 Euro teure Motorrad des Rasers soll nun versteigert werden.[22]

LEGO sind Klemmbausteine mit Noppenstruktur
Kuriose juristische Definitionen

Juristen sind berühmt für ihre Fähigkeit, Begriffe, die jedes Kleinkind kennt, so zu beschreiben, dass niemand mehr durchblickt. Viele Definitionen sind unfreiwillig komisch und geraten zur Realsatire.

Milchschnitte ist ein braun-weißer Fertigkuchen mit Cremefüllung.

Der Bundesgerichtshof hatte sich mit der Frage zu beschäftigen, ob eine Milchschnitte eine schützenswerte Marke ist. Es brauchte den Sachverstand fünf hochrangiger Richter, um festzustellen, was eine Milchschnitte überhaupt ist, nämlich ein braun-weißer Fertigkuchen mit Cremefüllung und einem dreilagigen Schichtenaufbau in rechteckiger Form.[1]

Ein Teddybär ist ein Kuschelspielzeug in der Form eines Bärenjungen.

Bei Plüschspielzeug handelt es sich naturgemäß um Kuschelspielzeug, weil es leicht, weich, elastisch und glatt ist. Es hat in der Regel die Form von Tierbabys oder Zeichentrickfiguren.[2]

LEGO sind Klemmbausteine mit Noppenstruktur.

Die Firma LEGO ging gegen einen Konkurrenten vor, der ebenfalls einen Bausatz für eine Polizeistation herausgebracht hat. Bevor das Gericht der Frage nachgehen konnte, ob es sich um eine unlautere Nachahmung handelt, musste es erst mal klären, was LEGO überhaupt ist. LEGO sind demnach Klemmbausteine mit Noppenstruktur.[3]

Das Huhn ist ein Scharr- und Flattervogel.

Das Huhn ist aus ethologischer Sicht ein sozial und territorial lebender Scharr- und Flattervogel mit klar strukturierter Rangordnung, dessen wichtigstes Fortbewegungsmittel die Beine sind.[4]

Der Kuckuck ist im juristischen Sinne kein Vogel.

Der Kuckuck ist im juristischen Sinne nicht der Vogel, sondern die Marke, welche der Gerichtsvollzieher bei der Pfändung zu deren Kenntlichmachung an der betroffenen Sache anbringt (§ 808 Abs. 2 ZPO).[5]

Kinderwagen sind ein Transportmittel auf Rädern für Kinder.

In der DIN-Norm DIN EN 1888 wird ein Kinderwagen so definiert: Transportmittel auf Rädern für Kinder ist ein Wagen, der für die Beförderung eines Kindes oder mehrerer Kinder bestimmt ist und von Hand geschoben oder gesteuert werden kann.

Ein Schmusetier ist ein aus Textilien hergestelltes Spielzeug zum Schmusen.

Ein Textilspielzeug ist ein aus Textilien hergestelltes Spielzeug, beispielsweise ein Spielzeug mit weicher Füllung, das zum Schmusen/Festhalten vorgesehen ist.[6]

Der Schnuller ist die Nachahmung der mütterlichen Brustwarze.

Das Wort »Schnuller« ist die Bezeichnung für ein kleines, auf einer mit einem Ring versehenen Scheibe aus Plastik befestigtes, einem Sauger ähnliches Bällchen aus Gummi, das Säuglingen, um sie zu beruhigen, in den Mund gesteckt wird. Das dazugehörige Verb »schnullen« bedeutet »saugend lutschen«. Auch der zum Teil synonym verwendete Begriff »Sauger« bezeichnet in erster Linie einen in Nachahmung der mütterlichen Brustwarze geformten, mit einem feinen Loch versehenen Gummiaufsatz auf einer Flasche, durch den Säuglinge und Kleinkinder Milch aus der Flasche saugen.[7]

Gewürzmischungen sind Mischungen von Gewürzen.

Wer hätte das gedacht?[8]

Playmobil sind Spielfiguren mit gezackter Ponyfrisur.

Der Kopf der Playmobil-Spielfigur ist rund und wird von einem perückenähnlichen Haarteil mit gezackter Ponyfrisur bedeckt. Die Gesichtszüge sind unprofiliert und durch zwei große aufgemalte runde Augen und einen nach oben gezogenen aufgemalten Mund angedeutet. Der jackenförmige, nach unten hin etwas ausgestellte Oberkörper reicht hinten etwas tiefer herab als vorne und weist am Vorderteil eine Längsfalte auf. An den Schultern sind die Arme drehbar in derselben Farbe angebracht. Das einförmige Rumpfunterteil wird von den nach außen gespreizten Beinen beherrscht, die in zwei standbrettartig ausgebildeten Füßen enden. Alle diese Merkmale fügen sich zu dem Gesamteindruck einer niedlichen Kindererscheinung mit typisch jungenhaft-sympathischem Ausdruck zusammen.[9]

Inländischer Wein ist im Inland aus inländischen Weintrauben hergestellter Wein.

Hier zeigt sich ein typisches Vorgehen des Gesetzgebers beim Definieren. Der zu definierende Begriff wird einfach wiederholt, in § 2 Nr. 3 Weingesetz gleich zweimal. Nach dem gleichen Strickmuster wird Käse definiert: Käse ist Käse im Sinne der Käseverordnung (§ 1 Abs. 1 Nr. 2 Verordnung über Preisnotierungen für Butter, Käse und andere Milcherzeugnisse).

Mutter eines Kindes ist die Frau, die es geboren hat.

Wenn das Baby noch klatschnass im Kreissaal das erste Mal die Augen aufreißt, fragt es sich verwirrt, zu wem es »Mama« sagen kann. Zu dem freundlichen Herrn mit dem Stethoskop? Oder einer der beiden Frauen im weißen Kittel? Ein Blick ins Gesetz verschafft Aufklärung: Laut § 1591 BGB ist die Frau, die ein Kind geboren hat, die Mutter.

Eine Leiche ist der Körper eines Menschen, bei dem sichere Todeszeichen bestehen und bei dem der Körper noch nicht vollständig verwest ist.

Diese Definition der Leiche verdanken wir § 2 Nr. 1 des Bestattungsgesetzes des Landes Sachsen-Anhalt.

»Ficken« ist als Synonym für die Ausübung des Geschlechtsverkehrs ein derber Vulgär- und Primitivausdruck.

In Anlehnung an die *Focus*-Werbung, in der der Chefredakteur Markwort »Fakten, Fakten, Fakten und immer an den Leser denken« sagt, veröffentlichte die Satirezeitung *Titanic* einen Comic mit dem Untertitel »Ficken, Ficken, Ficken und nicht mehr an die Leser denken«. Der Chefredakteur klagte dagegen und das Landgericht Berlin musste daraufhin erst einmal »Ficken« definieren.[10]

Lolli ist ein auf einem Stiel aufgebrachtes und schleckbares Karamellteil.

Ein »Lutscher« (auch »Lolli« genannt) zeichnet sich dadurch aus, dass der zu verzehrende bzw. zu lutschende oder schleckende Karamellteil auf einem Stiel aufgebracht ist. Ohne einen solchen Stiel würde es sich nicht mehr um einen traditionellen Lutscher, sondern vielmehr um ein gewöhnliches Bonbon handeln.[11]

Praline ist ein Erzeugnis aus gefüllter Schokolade in mundgerechter Größe.

Diese Weisheit ergibt sich aus Nr. 1.28 Anlage Kakaoverordnung. Jetzt wissen wir auch, warum Duplo keine Praline ist: Es fehlt an der mundgerechten Größe. Auf einmal kriegt man das Ding nicht in den Mund.

Ein Sandwich ist ein Lebensmittel, das aus einer Füllung besteht, die zwischen zwei Brotscheiben gelegt wird.

Erst durch dieses Gesetz wissen wir, dass das Entscheidende am Sandwich die Füllung, wie Schinken, Käse oder Salami, ist. Durch den Belag zwischen zwei Brotscheiben wird aus der schnöden Stulle ein Sandwich.[12]

»Kostenlos« bedeutet »unentgeltlich«.

Der Kläger begehrte von der Lieferantin die Reparatur von defekten Generatoren. Nach deren AGB sollte die Instandsetzung kostenlos bzw. unentgeltlich erfolgen. Aber was bedeutet »kostenlos«?, rätselte der Bundesgerichtshof. Etwas anderes als »unentgeltlich«? Nach längerem Nachdenken fanden die hohen Richter heraus, dass beide Begriffe denselben Inhalt haben: »Kostenlos« bedeutet »unentgeltlich«. Die Beklagte war also zu kostenloser/unentgeltlicher Nachbesserung verpflichtet.[13]

Junger Mensch ist,
wer noch nicht 27 Jahre alt ist.

Diese gesetzliche Definition in § 7 Abs. 1 Nr. 4 SGB VIII wird manchem Leser die Illusion nehmen, noch jung zu sein. »Man ist so jung, wie man sich fühlt«, gilt vor dem Gesetz eben nicht.

Verabredung kennt der Jurist nur zum Verbrechen.

Juristen haben zu viele Akten, um Angehörige des anderen Geschlechts zu treffen. Auf neudeutsch: Dates liegen ihnen völlig fern. Verabredungen kennen sie nur zum Verbrechen. Die Verabredung eines Verbrechens bedeutet die Willenseinigung mindestens zweier Personen zur mittäterschaftlichen Begehung eines in seinen Grundzügen im wesentlichen bestimmten Verbrechen.[14]

Autofahrer sind ein Menschenschlag,
dem Fehler grundsätzlich nicht passieren.

Der Münchener Amtsrichter war von den Verkehrsunfallklagen tief frustriert. Deshalb griff er zu einer ironischen Definition: Autofahrer sind ein Menschenschlag, dem Fehler grundsätzlich nicht passieren, und wenn tatsächlich einmal ein Fehler passiert, dann war man es natürlich nicht selbst, sondern es war grundsätzlich der andere.[15]

Ein Überfall ist kein Bankraub.

Unter der Überschrift »Überfall« wird nicht etwa der Bankraub behandelt, sondern unter »Überfall« sind nach § 911 Satz 1 BGB Früchte zu verstehen, die von einem Baum oder Strauch auf das Nachbargrundstück hinüberfallen.

Ein Telefon ist eine Telekommunikationsendeinrichtung.

Die Definition eines Telefons findet sich in § 2 Nr. 2 Gesetz über Funkanlagen und Telekommunikationsendeinrichtungen. Telekommunikationsendeinrichtung ist ein die Kommunikation ermöglichendes Erzeugnis oder ein wesentliches Bauteil davon, das für den mit jedwedem Mittel herzustellenden direkten oder indirekten Anschluss an Schnittstellen von öffentlichen Telekommunikationsnetzen bestimmt ist.

Tapeten sind Papiere in Rollen zum Ausschmücken von Wänden.

Als »Papiertapeten und ähnliche Wandverkleidungen« im Sinne der Position 4814 gelten nur Papiere in Rollen, mit einer Breite von 45 bis 160 cm, zum Ausschmücken von Wänden oder Decken geeignet.[16]

Schwein ist auch ein Elefant.

Dass auch Richter Humor haben können, bewiesen die Mitglieder des 13. Zivilsenats des Hanseatischen Oberlandesgerichts. Sie verfügten über ein Sparschwein, in das bei vorzeitiger Verfahrensbeendigung ein paar Euro einzuzahlen waren. Damit sie nicht im rechtsfreien Raum handeln mussten, erließen sie eine Verfügung über die Befüllung senatsintern geführter Sparschweine, die Senatsschweinverfügung – SenSchweinV) vom 2. Juli 2003. Unter § 2 Begriffsbestimmungen regelten sie Folgendes:

(1) Schwein im Sinne dieser Verfügung ist auch ein Elefant (loxodonta africana und elephans maximus, jeweils in der Ausprägung dresdneriana).

Offenbar sah das Senatssparschwein weniger wie ein Schwein, sondern mehr wie ein Elefant aus.

Spielzeug sind Erzeugnisse zum Spielen.

Spielzeug sind alle Erzeugnisse, die dazu gestaltet oder offensichtlich bestimmt sind, von Kindern im Alter bis 14 Jahre zum Spielen verwendet zu werden.[17]

»Tanzen« ist jede rhythmische, den ganzen Körper miteinbeziehende Körperbewegung, welche regelmäßig mit musik- oder schlaginstrumentaler Begleitung erfolgt.[18]

Segelschiff ist ein Schiff mit Segeln.

»Segelschiff« bedeutet ein Schiff, das für die Fortbewegung mit Segeln versehen ist. Ein Segelschiff, das mit oder ohne gesetzte Segel unter Motor fährt, gilt im Sinne der Verkehrsvorschriften als Schiff mit Maschinenantrieb.[19]

Reise ist die Fahrt zu einem entfernten Ort.

Unter einer Reise versteht man die unterschiedliche Zwecke verfolgende und unterschiedliche Verkehrsmittel nutzende Fahrt zu einem entfernten Ort einschließlich einer gewissen Dauer des Fortbleibens. Sie umfasst die Zeitspanne vom Aufbruch bis zur Rückkehr oder zum Eintreffen am Ort endgültigen Verbleibens.[20]

Nackt ist jede Person, die in irgendeiner Art und Weise unzulänglich bekleidet ist.

Der St. Johns County Nudity Ordinance (Florida, USA) verdanken wir in Section 3 f) folgende ausführliche Definition der Nacktheit:

Nackt ist jede Person, die in irgendeiner Art und Weise unzulänglich bekleidet ist, sodass einer der folgenden Körperteile nicht völlig mit undurchsichtiger Bekleidung bedeckt ist.

1. Die männlichen oder weiblichen Genitalien, oder
2. die männliche oder weibliche Schamgegend, oder
3. die weibliche Brust, oder
4. das Gesäß.

Kleidung, die unzulänglich ist, den Anforderungen zu genügen, umfasst, ist aber nicht beschränkt auf Tangas, Strings und Zahnseide.

Körperfarbe, Tätowierungen, Flüssiglatex und ähnliche Substanzen werden nicht als undurchsichtige Bekleidung akzeptiert.

Wer gegen das Verbot der Nacktheit verstößt, muss mit einer Geldstrafe von bis zu 500 Dollar oder Gefängnisstrafe bis zu sechzig Tagen rechnen.[21]

Brüste sind ein Teil der menschlichen, weiblichen Milchdrüse einschließlich der Brustwarzen und des Brustwarzenhofes und der äußere Bereich einer solchen Drüse.

In der St. Johns County Nudity Ordinance wird in Section 3 b) auch die weibliche Brust definiert:

Ein Teil der menschlichen, weiblichen Milchdrüse (im Allgemeinen als die weibliche Brust bezeichnet) einschließlich der Brustwarzen und des Brustwarzenhofes (der die Brustwarzen umgebende, dunkler gefärbte Bereich der Brust) und der äußere Bereich einer solchen Drüse, wobei dieser üblicherweise kompakt und angrenzend an den Brustwarzenhof ist und wenigstens aus der Brustwarze und dem Brustwarzenhof und einem Viertel der äußeren Oberfläche einer solchen Drüse besteht.

In derselben Verordnung wird weiter geregelt, dass nicht mehr als ein Drittel des Hinterteils und nicht mehr als ein Viertel der Brust zu sehen sein dürfen. Bei Verstößen hiergegen drohen 500 Dollar Bußgeld oder bis zu sechzig Tage Haft.[22]

Die höchste Klagforderung, die längste Freiheitsstrafe und die teuerste Scheidung
Juristische Rekorde

Höher, schneller, weiter – Bestmarken sind beliebt. In den Medien wird täglich über erstaunliche Rekordversuche berichtet. Das jährlich erscheinende Guinness-World-Records-Buch ist ein Klassiker. Nicht nur Sport und Technik haben interessante Superlative zu bieten, sondern auch das Recht.

99 Prozent der Morde auf Kreuzfahrtschiffen werden nie aufgeklärt.

Über Bord gegangene Passagiere bzw. ihre späteren Leichen werden fast nie gefunden. Ohne Leiche gibt es keine Beweise für ein Fremdverschulden. Das macht ein Kreuzfahrtschiff zum perfekten Ort für einen Mord.

Tatsächlich verschwinden jedes Jahr über zwanzig Passagiere auf Kreuzfahrtschiffen, ohne dass ihr Schicksal aufgeklärt werden kann. War es ein Unfall, Selbstmord oder vielleicht sogar Mord? Es gibt keine Ermittlungen, denn an Bord der schwimmenden Kleinstädte gibt es keine Polizei. Die Reederei hat kein Interesse an einer Aufklärung, denn ihr Publik-Werden wäre geschäftsschädigend. Sie meldet einfach einen Vermisstenfall.[1]

Der höchste zuerkannte Schadensersatz betrug 150 Milliarden Dollar.

Ein Junge hatte einen anderen an einen Baum gefesselt, mit Benzin übergossen und dann angezündet. Das Opfer erlitt schwere Verbrennungen und starb als Spätfolge an Hautkrebs. Die Geschworenen in dem Zivilprozess sprachen den Angehörigen eine Entschädigung von 150 Milliarden Dollar zu, rund 114 Milliarden Euro. Allerdings war die Summe lediglich symbolisch, denn der Beklagte hatte kein Geld.[2]

Die längste Freiheitsstrafe betrug 141 078 Jahre.

Den Weltrekord für die längste erhaltene Freiheitsstrafe hält die Thailänderin Chamoy Thipyaso, die 1989 wegen eines Schneeballsystems zu insgesamt 141 078 Jahren Freiheitsstrafe verurteilt worden ist. Dies ist die höchste bekannte Haftstrafe, zu der jemand weltweit jemals verurteilt wurde. Sie hat mehr als 16 000 Thais betrogen und einen geschätzten Schaden von umgerechnet 200 bis 300 Millionen Dollar verursacht.[3]

Die teuerste Scheidung kostete 38 Milliarden Dollar.

Jeff und MacKenzie Bezos halten den Rekord für die bisher teuerste Scheidung der Welt. Der Gründer des Onlineversandhändlers amazon.com hat im Rahmen der Scheidung Amazon-Anteile im Wert von 38 Milliarden Dollar an MacKenzie abgetreten. Sie wird damit zur viertreichsten Frau der Welt.[4]

Die höchste Klagforderung betrug zwei Sextillionen Dollar.

Der 62-jährige US-Amerikaner Anton Purisima reichte eine 22-seitige Klage bei einem Gericht in Manhattan ein. Er wollte zwei Sextillionen Dollar Schadensersatz, unter anderem, weil ihn ein Hund gebissen habe und weil der Kaffee am Flughafen zu teuer sei.

Das ist eine 2 mit 36 Nullen: 2 000 000 000 000 000 000 000 000 000 000 000 000. Das ist mehr, als es überhaupt Geld auf der Erde gibt. Ein weiser Richter entschied, dass alles Geld der Welt zukünftig nicht allein Anton Purisima gehören sollte, und wies die Klage ab.[5]

Das unbedeutendste Rechtsgebiet ist das Bienenrecht.

Das in den §§ 961–964 BGB geregelte Bienenrecht ist das unwichtigste Rechtsgebiet im Bürgerlichen Gesetzbuch. Der Palandt und das Rechtsinformationssystem *juris* verzeichnen keine einzige Gerichtsentscheidung zu diesem Bereich.

Indien hat weltweit den größten Rückstand an Gerichtsverfahren.

Nach einem Bericht des Präsidenten des Obersten Gerichtshofs von Neu-Delhi existieren 700 000 unerledigte Verfahren. Es wird 466 Jahre dauern, bis das Gericht seine Rückstände aufgearbeitet hat. Obwohl das Gericht jedem Fall nur durchschnittlich fünf Minuten widmet, sind unter anderem über 600 Fälle liegen geblieben, die vor über zwanzig Jahren eingereicht worden sind.[6]

1200 Tötungsdelikte bleiben in Deutschland jährlich unentdeckt.

Leichenschauen werden, anders als im Fernsehkrimis, nicht von Rechtsmedizinern, sondern von Hausärzten vorgenommen. Meist wird ohne größere Untersuchung eine natürliche Todesursache in den Totenschein eingetragen. Gewaltsam herbeigeführte Tode werden dabei übersehen. Experten zufolge werden deutschlandweit mindestens 1200 Tötungsdelikte im Jahr nicht erkannt. Jeder zweite Mord bleibt damit unentdeckt.[7]

Die Chance auf einen Freispruch beträgt nur drei Prozent.

Fast jeder Angeklagte macht sich Hoffnungen auf einen Freispruch. Doch nur drei Prozent der Strafverfahren enden mit dem ersehnten Freispruch.[8]

Die größte Anwaltssozietät hat 2500 Anwälte.

Kirkland & Ellis LLP ist die weltweit größte Kanzlei mit Sitz in Chicago. Sie beschäftigt an vierzehn Standorten 2500 Anwälte. Die Wirtschaftskanzlei hatte 2017 Einnahmen von über drei Billionen Dollar. Geradezu klein wirkt dagegen Deutschlands größte Kanzlei CMS Hasche Sigle mit 550 Anwälten.[9]

In Deutschland gelten 1853 Bundesgesetze und 2772 Bundesrechtsverordnungen mit insgesamt 110 253 Artikeln und Paragrafen.

Hinzu kommt ein Vielfaches an Gesetzen und Rechtsverordnungen der sechzehn Bundesländer. Das ist natürlich weitaus mehr, als ein Jurist lesen und verstehen kann. In der Praxis beschränkt der Jurist sich deshalb auf den Schönfelder. In dieser backsteingroßen roten Gesetzessammlung stehen auf 4600 Seiten nur die sechzig wichtigsten Gesetze.[10]

Das kleinste Amtsgericht Deutschlands befindet sich in Bad Gandersheim.

Das Gericht von Bad Gandersheim in Niedersachsen ist für knapp 10 000 Einwohner zuständig. Es verfügt nur über einein-halb Richterstellen.[11]

Der Mindeststreitwert im Zivilprozess beträgt 0,01 Euro.

Es gibt in der Zivilprozessordnung keinen Mindestbetrag. Deshalb kann man jemanden auf einen Cent verklagen. So machte ein Investor 2014 einen Zinsschaden von einem Cent in einem Zivilprozess gegen eine Anlagefirma geltend.[12]

Der längste Zivilprozess in Deutschland dauerte 34 Jahre.

Die Erben des Rechtschutzversicherers ARAG stritten über das Testament ihres Vaters. Die Sache war von 1983 bis 2017 beim Landgericht Düsseldorf erstinstanzlich anhängig. Nach 34 Jahren erging das Urteil erster Instanz. Es wurde Berufung eingelegt, sodass der Rechtsstreit jetzt beim Oberlandesgericht Düsseldorf anhängig ist.[13]

Der längste Strafprozess in Deutschland dauerte fünfzehn Jahre.

Die Justiz versuchte den Mord an Ulrich Schmücker, einem Terroristen und V-Mann des Verfassungsschutzes, aufzuklären. Schmücker war 1974 im Grunewald erschossen worden. Es war der längste Strafprozess in der Geschichte der Bundesrepublik, er begann 1976 und endete nach 591 Verhandlungstagen und vier Verfahren 1991 mit der Einstellung des Strafverfahrens.[14]

Familienrichter stellt mit über 6000 bearbeiteten Fällen in 327 Tagen Weltrekord auf.

Der indische Richter Tej Bahadur Singh hat in 327 Tagen 6065 Fälle entschieden. Er hat damit einen Guinness-Weltrekord aufgestellt. Der Richter sagte, seine schnellen Erledigungen seien darauf gerichtet, die Anzahl der anhängigen Verfahren vor Gericht zu reduzieren und den Prozessparteien ihr Recht zu geben. Er habe es sogar geschafft, 903 Paare wieder zu versöhnen.[15]

Die höchste Kaution betrug eine Milliarde Dollar.

Die aus Asien stammende Kim Freeman wurde festgenommen, weil sie zwei illegale Bordelle betrieben hat. Das war kein Kapitalverbrechen. Aber der Richter schätzte die Fluchtgefahr als hoch ein, da sie viele Kontakte zu anderen Asiaten im ganzen Land hatte, und setzte die Kaution auf 1 000 000 000 Dollar fest. Kim Freeman konnte die Summe wenig überraschend nicht aufbringen und blieb bis zum Prozess in Haft.[16]

200 000 Euro Strafe
für Schweizer Bleifuß.

Ein Mann war in seinem roten Ferrari Testarossa mit über 130 Stundenkilometern statt der erlaubten achtzig Stundenkilometer gerast. In der Schweiz richtet sich die Höhe der Strafe für Verkehrssünder an den Vermögensverhältnissen aus. Das zuständige Gericht in St. Gallen bezifferte den Kontostand des Rasers auf über 23,3 Millionen Schweizer Franken (knapp 15 Millionen Euro). Es verurteilte ihn wegen Geschwindigkeitsübertretung zur Zahlung von 299 000 Schweizer Franken (rund 200 000 Euro).[17]

Das teuerste deutsche Gesetz
kostete 480 Milliarden Euro.

Im Rahmen der Finanzkrise 2007/2008 und der Krise um die Hypo Real Estate Ende September 2008 hat die Bundesregierung im Oktober 2008 ein Rettungspaket für die deutschen Banken im Volumen von 480 Milliarden Euro beschlossen. Dagegen sind die 163 744 Euro, die es zusätzlich kostete, das Gesetz von einer Anwaltskanzlei entwerfen zu lassen, geradezu Peanuts.[18]

Das längste letzte Wort
dauerte vierzehn Stunden.

Nachdem Staatsanwalt und Verteidigung ihre Plädoyers gehalten haben, steht dem Angeklagten vor der Urteilsfindung das letzte Wort zu (laut § 258 Abs. 2 StPO). Die meisten Angeklagten schließen sich den Worten ihrer Verteidiger an oder sagen gar nichts. Das letzte Wort ist daher meist eine Minutensache.

Ein wegen Betruges vor dem Landgericht Freiburg Angeklagter sprach dagegen ein rekordverdächtiges vierzehnstündiges Schlusswort. Er begann seinen Redeschwall um neun Uhr, das Urteil konnte erst gegen Mitternacht gesprochen werden. Genützt hat es ihm nichts, er wurde trotzdem zu einer Freiheitsstrafe von drei Jahren und drei Monaten verurteilt.[19]

Verfassungsbeschwerden sind zu 98 Prozent erfolglos.

»Ich gehe bis nach Karlsruhe!«, wettern viele nach einem Prozessverlust. Doch markige Worte allein genügen nicht, um wenigstens vor dem Bundesverfassungsgericht zu gewinnen. Im Jahr 2017 waren von 5376 Verfassungsbeschwerden nur hundert erfolgreich, das macht gerade einmal 1,86 Prozent aus.[20]

Der am längsten einsitzende Strafgefangene Deutschlands ist seit 56 Jahren in Haft.

Hans-Georg Naumann wurde am 30. Mai 1963 wegen des Mordes an einem Liebespaar zu lebenslanger Freiheitsstrafe verurteilt. Er ist seit nunmehr 56 Jahren im Gefängnis, länger als jeder andere Häftling in der Geschichte der Bundesrepublik.[21]

Das Geständnis ist das unzuverlässigste Beweismittel im Strafprozess.

Die Gründe für falsche Geständnisse sind vielfältig. Unschuldige gestehen Taten, weil sie beim Verhör eingeschüchtert wurden, ermüdet sind, aufgrund Jugendlichkeit oder einer Intelligenzminderung anfällig für Suggestionen sind oder weil sie eine geliebte Person schützen wollen. Wieder andere sind zwanghafte Lügner und legen Geständnisse ab, um im Mittelpunkt zu stehen. Auch die Angst vor Todes- oder lebenslangen Freiheitsstrafen begünstigt Geständnisse. Häufig wird Beschuldigten für ein Geständnis eine milde Strafe in Aussicht gestellt. Wenn ein Beschuldigter keine Chance sieht, einer Verurteilung zu entgehen, hofft er durch ein Geständnis wenigstens mit einer milden Strafe davonzukommen.

Ein Geständnis ist für den Richter ein bequemer Weg, ein Strafverfahren schnell abzuschließen. Angesichts großen Erledigungsdrucks ist die Neigung, jedes Geständnis kritisch zu überprüfen, nicht groß. Es besteht deshalb eine hohe Wahrscheinlichkeit, dass ein Falschgeständnis unentdeckt bleibt und zu einem Fehlurteil führt. Falsche Geständnisse sind einer der häufigsten Gründe für Justizirrtümer.[22]

Diebstahl ist die häufigste Straftat.

Der Anteil der Diebstahlsdelikte lag in der Kriminalstatistik für 2017 bei 36,4 Prozent aller Straftaten. In absoluten Zahlen wurden 2,09 Millionen erfasst. Damit ist Diebstahl die häufigste Straftat überhaupt. Die Aufklärungsquote von Diebstahlsdelikten fällt mit 27 Prozent sehr gering aus.[23]

Die höchste Haftentschädigung betrug 25 Millionen Dollar.

Thaddeus »T. J.« Jimenez war erst dreizehn Jahre alt, als er wegen Mordes an einem älteren Teenager verurteilt wurde. Später stellte sich heraus, dass die Polizei Zeugen zu falschen Aussagen genötigt hatte. Auch der wahre Mörder konnte ermittelt werden. Der Fall wurde wieder aufgerollt und Jimenez freigesprochen. Er hat sechzehn Jahre unschuldig im Gefängnis gesessen. Das Gericht sprach ihm eine Haftentschädigung von 25 Millionen Dollar zu. Das ist die höchste Entschädigung, die jemals in Amerika wegen eines Justizirrtums ausgezahlt wurde.[24]

Der längste Gesetzesname hatte 63 Buchstaben.

Das Rindfleischetikettierungsüberwachungsaufgabenübertragungsgesetz (RflEttÜAÜG)galt von 2000 bis 2013 in Mecklenburg-Vorpommern. Dieses Gesetz sollte die Übertragung der Überwachungsaufgaben der Etikettierung von Rindfleisch und der Kennzeichnung von Rindern regeln. Rindfleischetikettierungsüberwachungsaufgabenübertragungsgesetz ist mit 63 Buchstaben eines der längsten gültigen zusammengesetzten Hauptwörter der deutschen Sprache.[25]

Das Gesetz mit den meisten Paragrafen ist das Bürgerliche Gesetzbuch.

Fein gegliedert in fünf Bücher enthält das BGB 2385 Paragrafen.

Die höchstmögliche Geldstrafe beträgt in Deutschland 21,6 Millionen Euro.

Die Geldstrafe ergibt sich zum einen aus der Anzahl der verhängten Tagessätze mit maximal 720 Tagessätzen bei Gesamtstrafenbildung (§ 40 Abs. 1, 54 Abs. 2 S. 2 StGB) und zum anderen aus der Höhe des einzelnen Tagessatzes mit maximal 30 000 Euro (§ 40 Abs. 2, 3 StGB). Beides wird miteinander multipliziert: 720 Tagessätze (Anzahl) × 30 000 Euro (Höhe) = 21 600 000 Euro Geldstrafe.

Der teuerste deutsche Strafprozess hat 37 Millionen Euro gekostet.

In dem fünf Jahre dauernden NSU-Prozess sind bisher 27,5 Millionen Euro an Anwaltsgebühren und Auslagen aufgewendet worden. Diese Summe kann sich wegen noch eingehender Anträge um etwa ein Viertel, also knapp sieben Millionen Euro erhöhen. Dazu hat das Gericht 2,7 bis 2,8 Millionen Euro in die technische Ausstattung für das Verfahren investieren müssen. Zusammengerechnet hat der Prozess über 37 Millionen Euro gekostet.[26]

Das längste Strafurteil umfasste 946 Seiten.[27]

Der inhaltleerste Paragraf ist § 58 SGB V.

§ 58 SGB V Beitrag für Zahnersatz

(1) (weggefallen)

(2) (weggefallen)

(3) (weggefallen)

(4) (weggefallen)

Sie lesen richtig. § 58 SGB V hat tatsächlich keinen Inhalt mehr.

7

Auch Tote kann man heiraten
Skurriles von der Ehe
bis zum Fremdgehen

Man sollte sich vor der Heirat überlegen, ob man sich dauerhaft binden will, denn Fremdgehen ist mancherorts strafbar. Bei der Hochzeit sollte man nicht bewusstlos sein und auch darauf achten, ob der Gatte nicht schon impotent oder gar tot ist.

Prinzen und Prinzessinnen dürfen in Schweden nur mit Zustimmung der Regierung heiraten.

Diese Regelung in § 5 Grundgesetz des Königreiches Schweden soll verhindern, dass ein Prinz eine bürgerliche Frau heiratet. Heiratet er trotzdem, verliert er sein Thronfolgerecht.

Befindet sich ein Ehepartner während der Eheschließung im Zustand der Bewusstlosigkeit, kann die Ehe annulliert werden.

Diese Regelung in § 1314 Abs. 2 Nr. 2 BGB klingt kurios, weil ein Bewusstloser schlecht sein Jawort geben kann. Es gibt auch tatsächlich keinen Fall, in dem jemand mit dieser Begründung die Aufhebung der Ehe verlangt hat. Falls Sie es dennoch mal probieren wollen, behaupten Sie einfach, der Standesbeamte hätte sie hypnotisiert.

Und das Gesetz hat in § 1315 Abs. 1 Nr. 3 BGB noch eine Falle eingebaut. Wenn der bewusstlos Verheiratete später zu sich kommt und durch Geschlechtsverkehr zu erkennen gibt, dass er die Ehe fortsetzen möchte, wird die Ehe als von Anfang an gültig angesehen.

In Frankreich ist es erlaubt, einen Toten zu heiraten.

Die postmortale Eheschließung (frz. *mariage posthume*) erlaubt im französischen Recht die Eheschließung nach dem Tod eines der beiden Brautleute. Die postmortale Eheschließung war anfangs nur für Kriegszeiten vorgesehen, wurde ab 1959 auch für Friedenszeiten ermöglicht. Sie ist nur bei Vorliegen außergewöhnlicher Umstände zulässig, wie einem plötzlichen Unfalltod, nachdem bereits konkrete Vorbereitungen zur baldigen Eheschließung getroffen worden waren.[1]

Ein Mann darf in Mississippi eine Frau nicht durch Lügen und die Behauptung, er würde sie heiraten, verführen.

Auf das vorgetäuschte Eheversprechen stehen dort bis zu fünf Jahre Gefängnis.[2]

Auch wenn es ein Geschenk war: Der Verlobungsring muss zurückgegeben werden, sobald die Verlobung beendet wurde.

Die Rückgabe der Verlobungsgeschenke ist in § 1301 BGB geregelt. Der Grundgedanke dieser antiquierten Norm ist, dass Schenkungen unter Verlobten im Zweifel unter dem Vorbehalt der Eheschließung stehen.

Die Heirat zwischen Schwarzen und Weißen stand bis 1967 in sechzehn US-Staaten unter Strafe.

Der oberste Gerichtshof erklärte diese Gesetze in dem Urteil LOVING V. VIRGINIA, 388 U.S. 1, 1967 für verfassungswidrig. Der letzte Bundesstaat, der das Verbot von Mischehen abschaffte, war Alabama, das seine Verfassung erst im Jahr 2000 änderte.

Unkenntnis schützt vor Ehe.

Eine Ehe kann gemäß § 1314 Abs. 2 Nr. 2 BGB aufgehoben werden, wenn ein Ehegatte bei der Eheschließung nicht gewusst hat, dass es sich um eine Eheschließung handelt. »Ich dachte, es sei eine Aufzeichnung für ›Verstehen Sie Spaß?‹«, sollte reichen, um aus der Ehe wieder rauszukommen.

Verschweigt ein Ehepartner, dass er viele Jahre als Prostituierte tätig war, kann der andere Ehegatte die Annullierung beantragen.

Denn Geschlechtsverkehr mit einer über das gewöhnliche Maß hinausgehenden Anzahl wechselnder Geschlechtspartner stellt einen Aufhebungsgrund gemäß § 1314 Abs. 2 Nr. 3 BGB dar.[3]

Es stellt sich hier natürlich die Frage, wer genau festlegt, welche Zahl an Sexualpartnern als durchschnittlich zu gelten hat …

Eine Ehe kann in North Carolina für nichtig erklärt werden, wenn einer der beiden Ehegatten impotent ist.

In North Carolina ist man gottesfürchtig. Sex soll nur innerhalb der Ehe und nur zum Kinderzeugen durchgeführt werden. Ist einer der beiden Ehegatten impotent, macht die ganze Ehe offenbar keinen Sinn mehr, die Heirat ist nichtig.[4]

Bis 1957 durften Frauen in Deutschland nicht ohne Erlaubnis ihres Ehemannes arbeiten.

Das sah § 1358 BGB in der damaligen Fassung vor. Leitbild war damals die Hausfrauenehe. Die Frau war mit der Eheschließung zur Führung des Haushalts verpflichtet. Berufstätig durfte sie nur sein, wenn sie dadurch ihre familiären Verpflichtungen nicht vernachlässigte. Fand der Ehemann, dies sei der Fall, konnte er die Stelle seiner Frau kündigen.

Fremdgehen ist in New York illegal.

In Abschnitt 255.17 des New Yorker Strafgesetzbuchs heißt es: Eine Person ist des Ehebruchs schuldig, wenn sie mit einer anderen Person Geschlechtsverkehr zu einer Zeit hat, wenn sie einen lebenden Ehegatten hat oder die andere Person einen lebenden Ehegatten hat.
Das Vergehen wird aber kaum verfolgt. Es sind nur ein Dutzend Angeklagte seit den 70er-Jahren deswegen verurteilt worden.

In Südkorea war es bis 2015 gesetzlich verboten, in der Ehe fremdzugehen.

Etwa 53 000 Südkoreaner wurden seit dem Inkrafttreten des Gesetzesparagrafen 1953 wegen Ehebruchs angeklagt. Als Strafe dafür waren bis zu zwei Jahre Gefängnis vorgesehen. Im Jahr 2015 hat das Verfassungsgericht das Verbot aufgehoben, weil es nicht mehr zeitgemäß sei.[5]

Ein Mann in North Carolina bekommt 8,8 Millionen Dollar von einem Mann, der mit seiner Frau geschlafen hat.

In Amerika sind Ehestörungsklagen häufig und lukrativ. In dem entschiedenen Fall ging die Ehefrau fremd. Der gehörnte Ehemann verklagte den Liebhaber. Dieser habe seine Ehe zerstört. Das Gericht gab ihm Recht und sprach ihm 8,8 Millionen Dollar Schadensersatz zu.[6]

Affären jeder Art sind in Deutschland inzwischen legal.

Der Ehebruch ist nicht mehr strafbar, seitdem § 172 StGB, der für Ehebruch Gefängnis bis zu sechs Monaten vorsah, im Jahr 1967 abgeschafft worden ist. Aufgrund des geltenden Zerüttungsprinzips wird der Ehebruch zudem nicht einmal mehr als Scheidungsgrund gebraucht. Aus juristischer Sicht bestehen deshalb keine Bedenken gegen lustvolle Seitensprünge.

Der Liebhaber darf verprügelt werden.

Ein Ehemann hatte den Verdacht, dass seine Frau fremdgehe. Während sie ihn in der Nachtschicht wähnte, kam er kurz vor 3 Uhr morgens unerwartet nach Hause. Im ehelichen Schlafzimmer erwischte er seine Frau mit ihrem Liebhaber in flagranti. Der Ehemann prügelte den Geliebten krankenhausreif. Dieser erlitt Prellungen, Platzwunden und eine Wadenbeinfraktur. Der Hausfreund verklagte den gehörnten Ehemann auf ein Schmerzensgeld von mindestens 500 Euro.

Die Schmerzensgeldklage wurde in beiden Instanzen abgewiesen. Der Liebhaber habe die eingesteckten Prügel dadurch in erheblichem Maß selbst verursacht, indem er nicht nur mit der Ehefrau des Beklagten fremdging, sondern dies auch noch im ehelichen Schlafzimmer geschah.[7]

Kein Sex auf dem Spielplatz
Verrückte Sexgesetze

Allgemein wird der Intimverkehr als höchst privater Vorgang betrachtet, der in der Sphäre abgedunkelter Schlafzimmer stattfindet. Trotzdem haben die Gesetzgeber der Welt auch diesen Lebensbereich mit zahlreichen sonderbaren Vorschriften überzogen, die im Falle ihres Vollzuges einen Großteil der Bevölkerung ins Gefängnis bringen könnten.

Onanie ist eine unzüchtige Handlung an sich selbst.

Onanie liegt nach der Rechtsprechung des Bundesgerichtshofs (BGHSt. 1, Seite 107) vor, wenn der Täter eine unzüchtige Handlung an sich selber vornimmt.

Die Selbstbefleckung ist so gesehen gewissermaßen das Einstiegsdelikt in die Welt der Sexualstraftaten. Praktisch alle Vergewaltiger, Sodomisten, Kinderschänder und Pornosüchtigen haben mal als kleine Masturbanten angefangen.

In Singapur darf man nicht nackt in seinem Haus herumlaufen, da dies als pornografisch betrachtet wird.

»Jede Person, die nackt im öffentlichen Raum erscheint oder im privaten Raum, wenn sie dabei öffentlich sichtbar ist, ist eines Vergehens schuldig«, heißt es im Gesetz. Weil immer mehr Bürger Singapurs in Hochhäusern auf engem Raum zusammenlebten, müsse die öffentliche Moral hochgehalten werden, lautet die Begründung. Es ist also ratsam, in Singapur stets die Vorhänge gut zuzuziehen, denn auf das Vergehen stehen 2000 Dollar Strafe oder bis zu drei Monate Haft.[1]

In Frankreich werden sexuelle Belästigungen auf offener Straße, wie z. B. aufdringliches Hinterherrufen, Pfiffe oder anzügliche Bemerkungen über den Körper, mit bis zu 3000 Euro Geldstrafe geahndet.

Der Ausruf »Hey Süße« oder einer Frau in kurzen Röcken hinterherzupfeifen kann in Frankreich teuer werden. Dort wurde im Mai 2018 ein neuer Straftatbestand »Sexistische Beleidigung« (Art. 621 – 1 code pénal) eingeführt, mit dem jegliche sexuelle Belästigung auf der Straße mit bis zu 3000 Euro Geldstrafe geahndet werden kann.[2]

Sex auf dem Spielplatz ist in Ridgeland, Mississippi verboten.

Die Jugend hat es in Ridgeland schwer, erste Erfahrungen zu sammeln. Nicht nur in der Schule, auch auf dem Spielplatz sind sexuelle Aktivitäten verboten.[3]

Ehemänner dürfen nur heimlich wichsen.

Kevin Spacey wusste in *American Beauty* schon, warum er sich nur heimlich unter der Dusche einen runterholt. Selbstbefriedigung verstößt gegen die Pflicht, die geschlechtliche Befriedigung zusammen mit dem Partner zu erleben und ihn daran teilhaben zu lassen.[4]

Küssen ist in Dubai verboten.

In den Vereinigten Arabischen Emiraten ist die Zurschaustellung von Zuneigung zwischen Paaren – ob verheiratet oder nicht – an öffentlichen Orten verboten. Dementsprechend verstößt Küssen gegen Artikel 358 des UAE-Strafgesetzes von 1987 und kann mit Gefängnis oder Abschiebung bestraft werden.

Homosexualität ist in Deutschland erst seit 1994 nicht mehr strafbar.

Bis 1994 galt hierzulande der sogenannte »Schwulenparagraf«. Der legendäre § 175 des Strafgesetzbuchs drohte Männern bei homosexuellen Handlungen mit bis zu zehn Jahren Zuchthaus. Erst im Jahre 1994 erfolgte die vollständige Abschaffung der Strafbarkeit homosexueller Handlungen. Die lesbische Liebe war hingegen zu keinem Zeitpunkt strafbar.

Brunei hat 2019 die Todesstrafe für Homosexuelle durch Steinigung eingeführt.

Weltweit geht der Trend zur Abschaffung von Strafen gegen Homosexualität. Nicht so in Brunei, wo erst 2019 die Todesstrafe für homosexuelle Männer durch Steinigung eingeführt wurde. Frauen, die gleichgeschlechtlichen Sex haben, müssen mit bis zu vierzig Stockhieben oder zehn Jahren Gefängnis rechnen. Das sind Rückschritte ins Mittelalter.[5]

In Malaysia steht auf Anal- oder Oralverkehr bis zu zwanzig Jahre Gefängnis.

Nach Section 377 des malaysischen Strafgesetzbuches ist widernatürlicher Geschlechtsverkehr verboten. Darunter fällt auch Anal- und Oralverkehr. Er kann mit bis zu zwanzig Jahren Gefängnis und Auspeitschen bestraft werden.

Im Sudan steht auf Analverkehr die Todesstrafe.

Strenge Sitten sieht das Strafgesetzbuch von Sudan vor. Mit Sodomie ist dort Analverkehr – und nicht, wie in Deutschland, Sex mit Tieren – gemeint. Das erste Mal wird mit einhundert Peitschenhieben und zusätzlich bis fünf Jahren Haft bestraft. Wird der Täter zum dritten Mal verurteilt, wird er mit Tod oder lebenslanger Haft bestraft.[6]

Die deutsche Ehefrau muss Sex in ehelicher Zuneigung und Opferbereitschaft gewähren und darf dabei keine Gleichgültigkeit oder Widerwillen zur Schau tragen.

Ein Mann wollte sich scheiden lassen, weil seine Frau ihm seit Jahren den Sex verweigere. Sie habe ihm erklärt, sie empfinde nichts beim Geschlechtsverkehr und sei imstande, dabei Zeitung zu lesen; er möge sich selbst befriedigen. Der eheliche Verkehr sei eine reine Schweinerei. Sie gebe ihm lieber Geld fürs Bordell. Die Frau hat der Scheidung widersprochen, da es durchweg doch noch alle vier Wochen zum Verkehr gekommen sei.

Der Bundesgerichtshof stellte dann folgende Leitlinien zum Sex in der Ehe auf: »Die Frau genügt ihren ehelichen Pflichten nicht schon damit, dass sie die Beiwohnung teilnahmslos geschehen lässt. Die Ehe fordert von ihr eine Gewährung in ehelicher Zuneigung und Opferbereitschaft und verbietet es, Gleichgültigkeit oder Widerwillen zur Schau zu tragen.«[7]

Die Ehe verpflichtet grundsätzlich zum Geschlechtsverkehr.

Man kann diese sich aus § 1353 BGB ergebende Ehepflicht sogar einklagen. Das nützt dem sexuell frustrierten Ehegatten nur gar nichts, da ein Urteil auf »Herstellung des ehelichen Lebens« nicht vollstreckbar ist (§ 888 Abs. 3 ZPO). Man stelle sich ansonsten den Gerichtsvollzieher vor, der am Ende des Ehebettes steht und den Vollzug des ehelichen Verkehrs erzwingen und überwachen muss.

In Virginia ist außerehelicher Sex verboten.

§ 18.2 – 344. Unzucht:
Jede Person, die nicht verheiratet ist und die freiwillig Geschlechtsverkehr mit einer anderen Person hat, ist wegen Unzucht schuldig, und das kann als Vergehen der Klasse 4 geahndet werden.[8]

Prostitution wird in Montana als Verbrechen gegen die Familie angesehen.

Die Moralvorstellungen sind im US-Bundestaat Montana, vorsichtig gesagt, konventionell. Geschlechtsverkehr soll es nur innerhalb der Ehe geben. Beischlaf außerhalb der Familie mit Prostituierten ist daher verboten.[9]

In Singapur ist Pornografie verboten.

Daher sind entsprechende Filme, aber auch der *Playboy* und andere »Erwachsenenmagazine« in Singapur verboten.[10]

In Texas ist es verboten, mehr als sechs Dildos zu besitzen.

Eine Person, die in Texas sechs oder mehr obszöne Geräte (zum Beispiel Dildos oder Vibratoren) besitzt, macht sich eines Verbrechens schuldig, auf das Staatsgefängnis steht. Bei dem Besitz von sechs Dildos oder mehr wird nämlich kraft Gesetzes unterstellt, dass diese für den Verkauf bestimmt sind.[11]

In Reno, Nevada ist Sexspielzeug ganz verboten.

Sec. 8.14.040. Verkauf von Sexualutensilien:
Der Verkauf, das Angebot zum Verkauf oder die Anzeige zum Verkauf von Geräten, einschließlich Dildos und künstlicher Vaginas, die in erster Linie für die Stimulierung menschlicher Genitalorgane konzipiert oder vermarktet werden, ist rechtswidrig.[12]

In Alamosa, Colorado ist es verboten, ein Haus zu führen, in dem unverheiratete Personen Sex haben dürfen.

Häuser schlechten Rufs für die Ausübung von Unzucht darf niemand betreiben. Das Gesetz zielt auf Bordelle ab, die in der Stadt Alamosa verboten sind.[13]

Widernatürlicher Geschlechtsverkehr ist in Mississippi verboten.

§ 97 – 29 – 59. Widernatürlicher Geschlechtsverkehr:
Jede Person, die wegen des abscheulichen und widerwärtigen Verbrechens gegen die Natur, die mit einem Menschen oder mit einem Tier begangen wird, verurteilt wird, wird mit einer Freiheitsstrafe von höchstens zehn Jahren bestraft.

Unter widernatürlichem Geschlechtsverkehr ist Homosexualität und Sex mit Tieren zu verstehen.

Auch wenn sie unter sexuellen Entzugserscheinungen leiden, haben Hartz-IV-Empfänger keinen Anspruch auf zusätzliche Sonderleistungen für Bordellbesuche.

Der Kläger ist Sozialhilfeempfänger und stellt bei seiner Klage gegen das Sozialamt diese Anträge:

1. Ihm monatlich vier Besuche im Freudenhaus zur Wiederherstellung seines psychischen sowie seelischen Gleichgewichtes zu bewilligen. Pro Besuch sind ca. 100 Euro für die Dame sowie 25 Euro für die Fahrt nach … und zurück zu bezahlen.
2. Für seine erhöhten Sexbedürfnisse die Übernahme der Kosten für die Videothek bzw. bezüglich der Leihgebühren von Pornofilmen von mindestens acht Stück pro Monat sowie die An- und Abfahrten zur Videothek nach … 4 × 20 km à 0,30 Euro, sowie die Kosten für das *Happy Weekend* Magazin seit September 2003, erscheint zweimal pro Monat, zum Verkaufspreis von 11,65 Euro, also 23,30 Euro pro Monat.

3. Die Kostenübernahme von Kondomen und Zewa-Wichs-
   boxen für das Betrachten der Filme.

Das Verwaltungsgericht schmetterte die frivole Klage ab: »Die
geltend gemachten Begehren, soweit sie sich auf die sexuellen
Bedürfnisse des Klägers beziehen, sind Kosten der allgemeinen
Lebensführung und folglich insoweit insgesamt von der vom
Beklagten dem Kläger bewilligten Hilfe zum Lebensunterhalt in
Höhe des jeweiligen Regelsatzes für einen Haushaltsvorstand
umfasst bzw. aus diesem zu bestreiten. (...) Zum Regelbedarf
gehören zweifelsfrei auch die Kosten zur Befriedigung der jeweiligen persönlichen sexuellen Bedürfnisse.«

Also im Ergebnis kein Sex auf Staatskosten. Das wäre auch
zu schön gewesen ...[14]

»Ficken« kann nicht als Marke eingetragen werden.

Der Hersteller wollte seinen Partyschnaps »Ficken« als Marke
eintragen lassen. In Deutschland hatte das funktioniert, doch
in Österreich ticken die Uhren anders. In letzter Instanz hat der
Oberste Gerichtshof die Untersagung der Marke »Ficken« be-
stätigt und begründet das mit dem Verstoß gegen die guten Sitten. Der Begriff »Ficken« habe primär eine sexuelle Bedeutung
und werde von der Allgemeinheit als anstößig angesehen.[15]

Prostitution ist keine Kunst, sondern eine Dienstleistung.

Ihr Job sei so etwas wie Kunst, sagt die Betreiberin eines Escort-
services und wollte sich ihren Künstlernamen als Pseudonym
in den Ausweis eintragen lassen. Als »Erotikbegleiterin« arbeite

sie wie eine Tänzerin »mit ihrem Körper« und schlüpfe wie eine Schauspielerin in verschiedene Rollen.

Das Verwaltungsgericht Berlin wies die Klage ab. Frauen, die sich unter falschem Namen prostituieren, können dieses Pseudonym nicht als Künstlernamen im Personalausweis eintragen lassen. Das älteste Gewerbe der Welt sei keine Kunst, sondern Dienstleistung, bei der »die Erfüllung der sexuellen Bedürfnisse von Kunden im Mittelpunkt steht«.[16]

In New York
ist Handschellensex verboten.

Seien Sie gewarnt, dass es gegen das Gesetz des Staates New York ist, Handschellen zu besitzen, es sei denn, Sie sind Polizeibeamter, Privatdetektiv oder Wachmann. Für den illegalen Besitz von Handschellen drohen eine Geldstrafe bis zu 200 Dollar bzw. zehn Tage Gefängnis.[17]

Die Werbung für Kondome mit dem Spruch
»1 Tüte à 7 Stück entspricht bis zu 21 Orgasmen«
ist verboten.

Das Landgericht Düsseldorf hat entschieden, dass auf der Verpackung von Kondomen nicht mit der Angabe »1 Tüte à 7 Stück entspricht bis zu 21 Orgasmen« geworben werden darf. Denn dadurch könne der Verbraucher darüber getäuscht werden, dass ein Kondom tatsächlich nur einmal verwendet werden darf.[18]

Sex im Auto ist in Deutschland grundsätzlich erlaubt, solange dabei darauf geachtet wird, keine öffentliche Aufmerksamkeit zu erregen.

Wer den Akt im Auto an einem abgelegenen Ort vollzieht, hat demnach keine Strafe zu befürchten. Strafbar kann der Sex im Auto dann werden, wenn damit gerechnet werden kann, dass fremde Personen ihn mitbekommen. Dies kann als Erregung öffentlichen Ärgernisses gemäß § 183a StGB gewertet und mit Geldstrafe oder Freiheitsstrafe geahndet werden.

Bauverbot für Sandburgen, Tanzverbote und illegale Überraschungseier
Seltsame Verbote

»Verboten« ist das Lieblingswort aller Gesetzgeber der Welt. Gänzlich harmlose Sachen (wie Kaugummis, Selfies knipsen, das Abschießen von Raketen) sind vielerorts streng verboten.

In Mobile, Alabama darf niemand Konfetti besitzen.

Sec. 39 – 77 Code of Ordinances for the City of Mobile, Alabama: *Es ist rechtswidrig und stellt eine Straftat gegen die Stadt dar, wenn eine Person Konfetti oder anderes im Besitz hat, aufbewahrt, lagert, verwendet, herstellt oder verkauft.*

Es ist verboten, in einer britischen Kneipe betrunken zu sein.

Gemäß § 12 des Licensing Act 1872 (die britische Gaststättenverordnung) wird »jede Person, die in einem konzessionierten Schankbetrieb betrunken (…) gefunden wird, mit einer Strafe belegt«. Es ist auch eine Straftat im Sinne des Metropolitan Police Act von 1839, wenn ein Gastwirt Trunkenheit oder ungebührliches Verhalten in seinem Schankbetrieb zulässt.

Warum soll man in eine Kneipe gehen, wenn man sich dort nicht betrinken darf, fragt man sich.[1]

Das Überraschungsei ist in den USA verboten.

In den USA können Minderjährige vielerorts ein Sturmgewehr, nicht aber Überraschungseier kaufen. Ein Gesetz von 1938 (Sec. 402 [21 U.S.C 342] Adulterated Food) verbietet nämlich Süßigkeiten, die nicht essbare Objekte enthalten. Der Gesetzgeber will damit Todesfälle durch Verschlucken verhindern.

Auf Sylt ist es verboten, Sandburgen zu bauen.

Schon länger dürfen Urlauber auf Sylt nicht mehr hemmungslos im Sand buddeln. Nach § 2 Abs. 4 Nr. 2 Gemeindesatzung ist es nicht gestattet, im Strandbereich Burgen zu bauen oder Löcher zu graben. Darauf steht eine Geldbuße von bis zu 1000 Euro.

In Deutschland ist es verboten, mit einer Pappnase, einem falschen Bart oder einem bemalten Gesicht an öffentlichen Versammlungen und Aufzügen teilzunehmen.

Ein Verstoß gegen das Vermummungsverbot gem. § 17a Abs. 2 Nr. 1 Versammlungsgesetz wird mit Freiheitsstrafe bis zu einem Jahr oder mit Geldstrafe bestraft. Ziel des Vermummungsverbotes ist es, eine Verfolgung von während einer Demonstration begangenen Straftaten zu erleichtern.

In Dänemark ist es verboten, sich Hände, Hals oder Gesicht zu tätowieren.

Klar, Leute mit Tattoos im sichtbaren Bereich sollen die schöne Landschaft nicht verschandeln.[2]

An immer mehr Orten auf der Welt gilt ein Selfie-Verbot.

Bei den Filmfestspielen von Cannes wurden Selfies verboten, weil die knipsenden Besucher den Eingang blockierten und die Promis es deshalb nicht mehr rechtzeitig zum Filmbeginn ins Kino schafften. Auch an anderen Orten sind inzwischen Selfies verboten, zum Beispiel in Wahlkabinen in vielen Ländern der Erde (Wahlgeheimnis), auf der Pilgerreise nach Mekka (verbotene Selbstverherrlichung) oder bei Stierrennen in Spanien (Lebensgefahr).[3]

Griechenland verbietet dicken Touristen, auf Eseln zu reiten.

Das griechische Landwirtschaftsministerium entschied, dass auf Santorin nur noch Menschen unter hundert Kilogramm auf Eseln reiten dürfen. Für die Esel sei es Strapaze, in der sengenden Sonne stark übergewichtige Touristen die steilen Hügel von Santorin herauftragen zu müssen.[4]

In Bayern herrscht an Halloween ein Musik- und Tanzverbot für Diskotheken, um Ruhe an Allerheiligen, dem 1. November zu gewährleisten.

Allerheiligen ist nach Art. 3 Feiertagsgesetz ein »stiller Feiertag«. An stillen Tagen sind öffentliche Unterhaltungsveranstaltungen verboten, die nicht dem ernsten Charakter dieser Tage entsprechen.

In Singapur dürfen Kaugummis nur auf Rezept verkauft werden.

Grund für das Verbot war die Verschmutzung von Straßen und öffentlichen Verkehrsmitteln. Kaugummi kann nur für medizinische oder therapeutische Zwecke und nur von Zahnärzten und Apothekern verkauft werden, wobei alle Verkäufe registriert und die Namen erfasst werden. Wer illegal Kaugummis verkauft, kann mit Geldstrafen in Höhe von bis zu 100 000 Dollar bestraft werden.[5]

Wer in Singapur vergisst, auf einer öffentlichen Toilette abzuspülen, kann mit einer Geldstrafe von 500 Euro bestraft werden.

Singapur ist der einzige Ort auf der Welt, der ein eigenes Gesetz für das Spülen öffentlicher Toiletten hat. Eigens dafür eingestellte Polizisten in Zivil kontrollieren stichprobenartig, ob der Spülknopf getätigt wurde. Wenn Sie erwischt werden, wie Sie eine »nicht gespülte« Toilette verlassen, müssen Sie mit einer Geldstrafe von 500 Dollar rechnen.[6]

Das Spucken auf die Straße steht in Singapur unter Strafe.

Niemand darf Schleim auf die Straße, auf den Boden oder in öffentlichen Verkehrsmitteln ausspucken. Schleim ist bekanntlich ein Träger hochgefährlicher Infektionskrankheiten, deren Ausbreitung im sauberen Singapur verhindert werden soll.[7]

In Florida ist es verboten,
Hängehosen zu tragen.

Tiefergelegte Hosen, aus denen Unterwäsche lugt oder blanke Hintern blitzen, sind im US-Bundesstaat Florida untersagt. Der Lotter-Look habe im Gefängnis seinen Ursprung genommen und solle von Jugendlichen nicht kopiert werden.[8]

Auf Friedhöfen darf man in Columbus,
Georgia nicht picknicken.

Friedhöfe eignen sich wegen der weitläufigen und gut gepflegten Grünflächen ganz besonders zum Picknicken. Doch leider ist es in Columbus ausdrücklich verboten, ebenso wie Herumschreien und Schießen. Nur tot unter der Erde liegen darf man da.[9]

In Columbus, Georgia ist es verboten,
einen Hut in einem Kino zu tragen.

Das Gesetz stammt aus dem Jahr 1914 und ist nicht mehr zeitgemäß. Kein Mensch trägt mehr Hüte, schon gar nicht im Kino. Man sollte »Hüte« in diesem Verbot besser durch »Smartphones« und »Nachos« ersetzen.[10]

Es ist in Columbus verboten,
vulgäre Sprache beim Telefonieren zu verwenden.

Das Gesetz gilt allerdings nur für Festnetzanschlüsse innerhalb der Stadt. Bei Fern- oder Mobilfunkgesprächen darf auch in Columbus anstößig geredet werden.[11]

Es ist illegal, Fotos vom Eiffelturm
bei Nacht zu machen.

Die Betreibergesellschaft SETE beansprucht das Urheberrecht für nächtliche Aufnahmen, in denen der bestrahlte Eiffelturm als Hauptobjekt zu sehen ist, obwohl am Bauwerk selbst keine Urheberrechte mehr bestehen. Sie sieht die Illumination als Kunstwerk an, für die sie die Urheberrechte hat.[12]

Beim Oben-ohne-Tanzen dürfen Frauen in Tampa,
Florida ihre Brüste nicht zeigen.

Oben-ohne-Tanzen ist im amerikanischen Tampa zwar erlaubt, aber nur wenn die Brüste nicht gezeigt werden. Wie soll das gehen?

Vorsichtshalber definiert der Gesetzgeber, was unter einer nackten Brust, die auf keinen Fall zu sehen sein darf, zu verstehen ist: *Für die Zwecke dieses Paragrafen wird hier die ›nackte Brust‹ als die entweder fortlaufende oder zeitweilige Enthüllung, Zurschaustellung und Offenbarung der Brustwarzen oder des sie umgebenden pigmentierten Abschnitts, auch als Areola bezeichnet, definiert.*[13]

Es ist verboten, mit dem Skateboard
und dem Rollschuh durch das Gerichtsgebäude und
die Bibliothek in Los Angeles zu fahren.

Man staunt, dass es in Los Angeles einen ganzen Paragrafen gibt, der explizit das Skateboarden und Rollschuhlaufen im Gericht und in der Bibliothek verbietet. Das liest sich so, als sei es vorher gängige Praxis gewesen, auf dem Skateboard oder auf Rollschuhen zur Gerichtsverhandlung zu erscheinen.[14]

Permanentmarker dürfen in Fresno, Kalifornien nicht verkauft werden.

Permanentmarker mit mehr als vier Millimetern Breite und Farbsprühdosen dürfen nicht verkauft werden. Sie könnten nämlich für Graffitis verwendet werden.[15]

Frauen dürfen in der Öffentlichkeit von Mobile, Alabama keine unzüchtige Kleidung tragen.

Leider erklärt das Gesetz den Unterschied zwischen züchtiger und unzüchtiger Kleidung nicht.[16]

Jede Person, die an einem Duell teilgenommen hat, darf in Tennessee keine öffentlichen Ämter bekleiden.

Der Ausschluss von Duellanten wurde 1835 unter Artikel IX Sec. 3. in die Verfassung des Staates Tennessee aufgenommen.

Vielleicht hätte man den nicht mehr ganz zeitgemäßen Paragrafen aktualisieren sollen. »Wer gewohnheitsmäßiger Lügner ist, darf nicht Politiker werden«, zum Beispiel.

In Wichita, Kansas, ist es illegal, unhöfliche Dinge am Telefon zu sagen.

Es ist für jede Person gesetzlich verboten, Telefongeräte, Telefoneinrichtungen oder Telefongespräche zu verwenden, um Kommentare, Anfragen oder Vorschläge zu machen oder zu übermitteln, die obszön, unanständig, lüstern, schmutzig oder ungehörig sind.[17]

Das Pfeifen ist in Meriden, Connecticut verboten.

Mit dem Verbot des Verwendens von Trillerpfeifen in § 153 – 7 Meriden Town Code soll die Verwechselung mit dem Pfeifen von Polizisten verhindert werden. Wenn im amerikanischen Meriden also einer pfeift, dann nur ein Cop.

Es ist verboten, das Parlamentsgebäude mit einer Rüstung zu betreten.

Die Satzung von 1313, die das Tragen von Rüstungen verbietet, verbietet es Mitgliedern des britischen Parlaments, im Haus Rüstungen zu tragen. Sie ist weiterhin in Kraft.[18]

Es kostest 500 Dollar Geldstrafe, wenn man Pizza für jemand anderen bestellt.

Manche Spaßvögel wollen Freund und Feind ärgern, indem sie für sie Pizza bestellen. In Louisiana sollte man das nicht tun, denn darauf steht eine Geldstrafe von bis zu 500 Dollar oder Gefängnis von bis zu sechs Monaten. Das scheint dort ein ernst zu nehmendes Problem zu sein, denn es gibt dafür einen eigenen Paragrafen mit acht Absätzen.[19]

Rituale, bei denen Blut, Urin oder Fäkalien eingenommen werden, sind in Louisiana verboten.

Satanisten haben es im US-Staat Louisiana schwer, denn sie dürfen kein Blut und Urin trinken sowie auch keinen Kot essen. Tieropfer sind ebenfalls verboten.[20]

Stinkbomben dürfen in Massachusetts nicht verkauft werden.

Wer eine Stinkbombe verkauft oder zum Verkauf anbietet, wird mit einer Geldstrafe von mindestens zehn und höchstens zweihundert Dollar bestraft. Der Ausdruck ›Stinkbombe‹ bedeutet eine kleine Bombe, die beim Bersten einen üblen Geruch hervorruft.[21]

Die Zukunft darf in Yamhill, Oregon nicht vorhergesagt werden.

Verbotener Okkultismus bezeichnet den Gebrauch oder die Praxis des Wahrsagens, der Astrologie, der Phrenologie, des Handlesens, des Hellsehens, des Magnetismus, des Spiritismus oder anderer Praktiken, die allgemein als ungesund und unwissenschaftlich angesehen werden, wodurch ein Versuch unternommen wird, die Zukunft vorherzusagen oder zu offenbaren.[22]

In New Orleans ist es gesetzeswidrig, durch Wahrsagerei, Astrologie oder Handlesen Streitigkeiten zwischen Liebespaaren beizulegen, die Getrennten zu versöhnen, vergrabene oder verborgene Schätze zu finden, Geheimnisse zu enthüllen oder die bittersten Feinde zusammenzubringen, um sie zu besten Freunden zu machen.

Der Paragraf fügt hinzu: *Aber nichts davon gilt für jeden Zweig der medizinischen Wissenschaft oder für religiöse Gottesdienste.*[23]

Wir lernen daraus: Wenn Sie ein Wunder brauchen, gehen Sie in New Orleans zum Arzt oder in die Kirche, nicht zum Wahrsager.

Es war in Kanada verboten vorzutäuschen, durch Hexerei, Zauberei oder Beschwörung gestohlene oder verlorene Sachen finden zu können.

Der § 365 Canada Criminal Code wurde allerdings 2018 aufgehoben. Übersinnliche Fähigkeiten vorausgesetzt, könnten Sie dort nun einen Suchservice der besonderen Art anbieten.

Das Abschießen von Raketen muss in South Carolina vorher genehmigt werden.

Erforderliche Genehmigung für das Abschießen von Raketen.

Bevor eine Person innerhalb der Grenzen dieses Staates eine Rakete abfeuert oder versucht sie abzufeuern, muss sie zunächst eine schriftliche Genehmigung von der Luftfahrtabteilung des Handelsministeriums in der von ihr vorgeschriebenen Form einholen.[24]

Bettler müssen zuerst eine Erlaubnis für eine Gebühr von zehn Dollar einholen, bevor sie in der Innenstadt von Memphis betteln dürfen.

Damit soll das Betteln in der Innenstadt von Memphis eingeschränkt werden, das schlecht für den Tourismus ist. Nur wenige Bettler werden sich beim Stadtkämmerer eine Genehmigung für zehn Dollar holen. Die Polizei hat bei fehlender Genehmigung eine Handhabe, die Bettler zu vertreiben.

Verboten ist außerdem aggressives Betteln, das Vortäuschen einer Verkrüppelung sowie das Auftragen von Make-up, um krank auszusehen. Für Essen erbetteltes Geld darf nicht für Drogen und Alkohol ausgegeben werden.[25]

In Virginia ist es verboten, jemanden zu beschimpfen.

Fluchen und schimpfen sollte man in Virginia nicht, denn es kann bestraft werden.[26]

Ghettoblaster dürfen in der Öffentlichkeit von Massachusetts nur mit Kopfhörer benutzt werden.

Schade, denn die Funktion eines Ghettoblasters besteht gerade darin, ordentlich Krach zu machen. Wer dagegen verstößt, muss mit einer Geldstrafe zwischen 100 Dollar und 500 Dollar oder einem Monat Haft rechnen. Außerdem kann der Ghettoblaster beschlagnahmt werden.[27]

In den Bibliotheken von Massachusetts darf man keinen Lärm machen.

Wer vorsätzlich durch Lärm oder auf andere Weise Personen in einer öffentlichen Bibliothek oder einem damit verbundenen Lesesaal stört, wird bestraft.[28]

Busenkissen dürfen an den Highways von Kalifornien nicht verkauft werden.

Kein Verkäufer darf ausgestopfte Artikel, die weibliche Brüste darstellen (verkauft als »Busenkissen«), im Umkreis von eintausend Fuß von jedem Highway verkaufen. Die Benutzer der Highways sollen damit vor vulgären, sexistischen und ausbeuterischen Verkaufsauslagen geschützt werden.[29]

Vorsicht: Bier kann Alkohol enthalten
Die verrücktesten Klagen der Welt

Ob die Eltern die Pornosammlung ihres Sohnes entsorgt haben, der Nachbar Gartenzwerge aufstellt oder im Fischbrötchen eine Gräte ist – nichts ist abwegig genug, um dagegen zu klagen.

Vor den Folgen übermäßigen Verzehrs von Lakritz muss nicht gewarnt werden.

Die Klägerin hatte täglich eine 400-Gramm-Packung der Lakritzmischung »Matador-Mix« der beklagten Firma HARIBO verzehrt. Sie brach in ihrer Wohnung ohnmächtig zusammen und musste mit Herzbeschwerden in ein Krankenhaus eingeliefert werden. Die Klägerin führt die gesundheitlichen Beeinträchtigungen auf den Verzehr der Lakritzmischung zurück. Denn Lakritz könne einen erheblichen Blutdruckanstieg hervorrufen. Nach Meinung der Klägerin habe die beklagte Firma auf diese Gefährdungen hinweisen müssen.

Die auf Zahlung eines Schmerzensgeldes von mindestens 6000 Euro, Erstattung von Heilbehandlungskosten und Verdienstausfall in Höhe von knapp 1500 Euro gerichtete Klage wurde jedoch abgewiesen. Das Gericht sah die Beklagte nicht zu einem Warnhinweis verpflichtet, denn auf der Packung stand ja »Lakritzmischung«. Jedermann weiß, dass Lakritz den Blutdruck hochtreibt.[1]

Der Nachbar muss helfen,
wenn ein Grenzzeichen verrückt geworden ist.

Sollte man statt des Nachbarn nicht besser gleich den Nervenarzt rufen? Tatsächlich handelt es sich in § 919 Abs. 1 BGB nur um einen sprachlichen Fehler. § 919 Abs. 1 BGB lautet: »Der Eigentümer eines Grundstücks kann von dem Eigentümer eines Nachbargrundstücks verlangen, dass dieser zur Errichtung fester Grenzzeichen und, wenn ein Grenzzeichen verrückt oder unkenntlich geworden ist, zur Wiederherstellung mitwirkt.« Grammatikalisch richtig müsste es heißen: »verrückt worden oder unkenntlich geworden«.

Der Gartenzwerg ist ein Symbol
der Engstirnigkeit und Dummheit.

Eine Frau verlangte mit der Klage die Entfernung von zwei Gartenzwergen aus einer Eigentumswohnungsanlage. Die Klägerin war der Auffassung, die etwa 20 und 25 Zentimeter großen Gartenzwerge seien »Symbole der Engstirnigkeit und Dummheit«.

Das Oberlandesgericht Hamburg gab ihr recht. Die Gartenzwerge mussten entfernt werden. Am Schluss kann man sich nur fragen, was engstirniger und dümmer ist: zwei Gartenzwerge aufzustellen oder deren Beseitigung einzuklagen?[2]

Mann muss für Affäre 8,8 Millionen Dollar zahlen.

Keith K. kam hinter die Affäre zwischen seiner Frau Danielle S. und Francisco H. Über ein Jahr hatte sie angedauert, was sich durch Hotelrechnungen und Postings in sozialen Netzwerken beweisen lies. Als Reaktion trennte er sich und verklagte Francisco H. In North Carolina ist Ehebruch nach wie vor eine schwerwiegende Straftat. »Meine Ehe wurde ermordet«, beklagte er sich. Ein Arzt diagnostizierte bei ihm eine posttraumatische Belastungsstörung, zudem hatte seine Firma seit Beginn der Ehekrise finanzielle Verluste erlitten. Das Gericht in Durham, North Carolina, verurteilte Francisco H. zur Zahlung eines Schadensersatzes in Höhe von 8,8 Millionen Dollar an den gehörnten Ehemann.[3]

Fischhändler müssen vor Gräten warnen.

Ein Kunde kaufte beim Fischhändler ein Räucherlachs-Fischbrötchen. Eine kleine Gräte blieb ihm im Hals stecken und musste im Krankenhaus entfernt werden. Es folgte eine Anzeige wegen Körperverletzung. Durch einen Vergleich vorm Amtsgericht Altona erhielt das Gräten-Opfer 500 Euro. Der Richter diktierte dem Händler den Text für das Warnschild, das er gut sichtbar aufstellen sollte: »Wir müssen Sie darauf hinweisen, dass im Fisch Gräten vorkommen können.«[4]

Weil sie seine Pornosammlung weggeworfen haben, hat ein vierzigjähriger Mann aus Michigan (USA) seine Eltern auf 87 000 Dollar Schadensersatz verklagt.

Die Eltern des vierzigjährigen Mannes hatten ihm beim Umzug geholfen und dabei seine Sammlung an Pornovideos und Sexspielzeugen aus Sorge um seine mentale und emotionale Gesundheit entsorgt. Es handelte sich um vierzehn Kartons mit Pornofilmen und Sexspielzeug.

Laut Aussagen des Sohnes enthielt diese jedoch jahrzehntealte und sehr wertvolle Filme, die insgesamt 29 000 Dollar wert gewesen seien. Er verklagte seine Eltern auf 87 000 Dollar Schadensersatz – den dreifachen Wert der Sammlung.

Die Sorge der Eltern um die mentale Gesundheit ihres Sohnes war offensichtlich berechtigt.[5]

Bierhersteller müssen nicht für die Folgen übermäßigen Alkoholkonsums aufkommen, entschied das Oberlandesgericht Hamm.

Der Kläger hatte seine Frau, seinen Führerschein und seine Arbeit verloren. Sein Leben lag in Trümmern, weil ihn siebzehn Jahre Biertrinken alkoholkrank hatten werden lassen. Die gescheiterte Existenz wollte vom Hersteller seiner bevorzugten Biersorte mindestens 15 000 Euro Schadensersatz. Die Brauerei sei an seinem Schlamassel schuld, denn sie habe auf den Flaschen keinen Hinweis angebracht, der vor den Folgen regelmäßigen Biertrinkens gewarnt habe. Das Oberlandesgericht wies die Klage ab, weil es für eine Hinweispflicht auf »Risiken und Nebenwirkungen« von Bier keine gesetzliche Vorschrift gebe, die Alkoholhaltigkeit von Bier allgemein bekannt sei und auch ein schwerwiegendes Eigenverschulden des Biertrinkers vorliege. Also Vorsicht: Bier kann Alkohol enthalten![6]

Der Amerikaner Dennis Hope sieht sich als rechtmäßiger Eigentümer des Mondes und verdiente über vierzig Millionen Dollar mit dem Verkauf von Mondgrundstücken.

Eine amerikanische Gesetzeslücke ermöglichte Hope, den Mond und mit ihm alle acht Planeten des Sonnensystems beim Grundstücksamt von San Francisco auf seinen Namen einzutragen. Zudem stellte er einen Antrag auf Besitz des Mondes bei den Vereinten Nationen. Als diesem nach mehreren Jahren immer noch keiner widersprochen hatte, begann er im Jahr 1995 mit dem Verkauf von Mondgrundstücken.

Die genaue Gesetzeslage zu seinem umstrittenen Geschäft ist weiterhin ungeklärt.[7]

Nach der IKEA-Klausel kann das Geld auch zurückverlangt werden, wenn die Montageanleitung mangelhaft ist.

Der Gesetzgeber mag bei § 434 Abs. 2 S. 2 BGB an die comicartigen Montageanleitungen von IKEA gedacht haben. Danach liegt ein Sachmangel bei einer zur Montage bestimmten Sache auch vor, wenn die Montageanleitung mangelhaft ist. Wenn Ihnen der Zusammenbau der Vitrine *Smörrebröd* misslingt, verzweifeln Sie also nicht, sondern rufen Sie das Gericht an.

Wer Kettenraucher als Nachbarn hat und dadurch täglich Tabakgeruch in Kauf nehmen muss, hat Recht auf Mietminderung.

In schweren Fällen muss der Vermieter den Betroffenen bis zu 10 Prozent der Miete erlassen.[8]

Urinieren im Stehen stellt in einem Mietshaus keine Geräuschbelästigung dar.

Geklagt hatten die Bewohner eines Mehrfamilienhauses, die sich durch die Geräusche eines »Stehpinklers« belästigt fühlten. Das Amtsgericht Wuppertal wies die Klage mit der Begründung ab, jede Toilettenbenutzung sei zwangsläufig mit einer Geräuschentwicklung verbunden. »Wer wollte entscheiden, was insoweit normal und was zu laut ist?«, fragte sich das Gericht. Dem Beklagten das Stehpinkeln zu verbieten würde einen Eingriff in seine Intimsphäre darstellen, welcher abzulehnen sei, führte das Gericht aus.[9]

Das Tragen von High Heels in der Wohnung kann einer Mieterin verboten werden, wenn sich Nachbarn in der Etage darunter gestört fühlen.

Das Tragen von High Heels in einem Mehrfamilienhaus kann eine unzumutbare Lärmbelästigung darstellen. Das Verbot gilt jedoch lediglich für Fliesen und Laminatböden, auf Teppich sind hochhackige Schuhe weiterhin erlaubt.[10]

Für die Kosten einer operativen Penisverlängerung muss die gesetzliche Krankenkasse nicht aufkommen, es sei denn, von ärztlicher Seite wurde explizit ein Mikropenis diagnostiziert.

Der Mann verklagte seine Krankenkasse, weil sie eine Penisverlängerung nicht zahlen wollte. Sein Penis sei im erigierten Zustand nur sechs Zentimeter lang, er könne damit keinen Geschlechtsverkehr haben. Ein weiteres Problem war die Fettschürze des Mannes, unter der der Penis verborgen ein trauriges Dasein führte.

Das Gericht wies die Klage ab. Der Kläger habe zwar einen sehr kleinen Penis, aber noch keinen Mikropenis. Die Größe eines funktionell nicht eingeschränkten männlichen Penis sei eine körperliche Anomalie ohne Krankheitswert im versicherungsrechtlichen Sinne. Und für die störende Bauchfettschürze hatte das Gericht einen goldenen Tipp: Der Kläger könne es mal mit Abnehmen versuchen.[11]

Ein Vermieter hat keinen Anspruch auf einen Zweitschlüssel zur vermieteten Wohnung.

Der Vermieter hat den Mietern sämtliche in seinem Besitz befindliche Schlüssel auszuhändigen. Denn aufgrund des Mietvertrages sind die Mieter zum unmittelbaren und alleinigen Besitzer der Mietsache geworden. Unerlaubtes Betreten der Wohnung durch den Vermieter stellt sogar Hausfriedensbruch dar.[12]

Es ist erlaubt, fremde Grundstücke zu betreten, um einen entflohenen Bienenschwarm einzufangen.

Der Eigentümer eines Bienenschwarms darf gemäß § 962 S. 1 BGB bei dessen Verfolgung fremde Grundstücke betreten.

Eine Kinderpiratenflagge darf man im Fenster aufhängen.

Der offensichtlich reifeverzögerte 22-jährige Sohn der Mieter richtete sein Zimmer als »Piratenzimmer« ein. Am Fenster brachte er eine Kinderpiratenfahne (grinsender Schädel mit Augenklappe) an. Der Vermieter klagte erfolglos auf Entfernung. Die Fahne mag nicht unbedingt zu einer ästhetischen Aufwertung der Fassade beitragen, damit allein ist das Gebrauchsrecht des Mieters indes noch nicht überschritten, da der sozialübliche Rahmen nicht gesprengt ist, so das Landgericht Chemnitz.[13]

Wenn man im Restaurant eine Flasche Wasser bestellt, muss diese vor einem geöffnet werden. Wurde sie bereits vorher geöffnet, brauchen Sie für sie nicht zu zahlen.

Erst am Tisch darf die Flasche geöffnet und das Mineralwasser frisch eingeschenkt werden. Damit soll verhindert werden, dass einfaches Leitungswasser als teures Mineralwasser verkauft wird. So schreibt es § 7 Abs. 1 Mineral- und Tafelwasserverordnung vor. Erhält der Gast sein Mineralwasser im Glas oder in einer geöffneten Flasche, darf er es durchaus zurückgehen lassen.

Eine Schenkung kann widerrufen werden, wenn sich der Empfänger »grob undankbar« verhält.

Zum »groben Undank« gehören unter anderem Bedrohung, Misshandlung und schwere Beleidigung gegen den Wohltäter. Grober Undank wurde auch bejaht bei grundlosen Strafanzeigen, um den Schenker »kaputtzumachen«. Die stärkste Form des Undanks ist die Ermordung des Schenkers. Das Widerrufsrecht nützt ihm dann nichts mehr, es geht aber auf seine Erben über.[14]

Ein Vertrag, der offensichtlich aus reinem Spaß geschlossen wurde, ist ungültig.

Den Spaßfaktor im Leben regelt § 118 BGB, nach dem Scherzerklärungen nichtig sind. Der Erklärende geht davon aus, dass der andere die Nichternstlichkeit erkennen wird. Das sind etwa Erklärungen in spöttischer Übertreibung, aus Ironie oder aus Prahlerei. Wenn also beispielsweise der Verkäufer eines Gebrauchtwagens im Wert von 11 500 Euro bei Preisverhandlungen »Also für 15 Euro kannste ihn haben« sagt, ist das offensichtlich nicht ernst gemeint.[15]

Der Ausfall der Heizung an Weihnachten kann in einer Mietwohnung eine Mietminderung von bis zu 25 Prozent rechtfertigen.

An Weihnachten kalte Füße zu haben fand auch das Amtsgericht Frankfurt a. M. schlimm. Die Beeinträchtigung durch den Heizungsausfall, vor allem über die Weihnachtstage, begründe eine Mietminderung um 25 Prozent der Monatsmiete.[16]

Sprühfarbe darf nicht ohne Warnhinweis auf die Strafbarkeit von Graffiti verkauft werden.

In amerikanischen Bundesstaat New Jersey glaubt man mit abschreckenden Warnhinweisen Graffiti verhindern zu können. Auf dem Hinweis müssen auch detailliert die möglichen Strafen aufgezählt werden, nämlich Schadensersatz, gemeinnützige Arbeit und bis zu zweijähriger Führerscheinentzug.[17]

Solarien müssen in Iowa vor dem Risiko eines Sonnenbrandes warnen.

Im Solarium kann man nicht nur braun werden, sondern auch einen Sonnenbrand bekommen. Vor den Gefahren der Benutzung einer Sonnenbank muss in Iowa auf dreifache Weise gewarnt werden: auf einem Schild im Eingangsbereich, einem Schild an jeder Sonnenbank und auf einem Merkblatt für jeden Kunden.[18]

Gurken dürfen nicht krumm sein
Absonderliches EU-Recht

Dürfen wenigstens Bananen krumm sein? Wie lang ist eine Schnullerkette? Was ist ein Schlafanzug? In Brüssel wird technokratische Regulierungswut mit sprachlichem Unvermögen gepaart. Heraus kommen dabei aberwitzige Gesetze und Richtlinien.

Mecklenburg-Vorpommern hat zwar keine Berge, aber ein Landesseilbahngesetz.

Es gibt in Mecklenburg-Vorpommern keine einzige Seilbahn. Dafür besteht auch kein Bedürfnis, denn die höchste Erhebung des Bundeslandes sind die Helpter Berge mit 179 Metern. Trotzdem wurde ein Landesseilbahngesetz erlassen, das in 32 Paragrafen die Betriebsgenehmigung von und die Aufsicht über Seilbahnen regelt. Das Bundesland musste sich trotz fehlender Notwendigkeit ein Seilbahngesetz geben, um die Richtlinie 2000/9/EG des Europäischen Parlaments und des Rates vom 20. März 2000 über Seilbahnen für den Personenverkehr umzusetzen. Bei Nichteinführung hätte ein Zwangsgeld bis zu 791 293 Euro pro Tag gedroht.

Die Schnullerkettenverordnung ist 52 Seiten lang, aber überflüssig.

Im Vorwort der DIN EN 12586 wird eingeräumt, dass tödliche Unfälle durch Schnullerketten praktisch nicht vorkommen. Anschließend wird auf 52 eng bedruckten Seiten, in acht Kapiteln und mit bis zu vierzig Unterpunkten beschrieben, wie Unfälle, die es bisher nicht gab, künftig verhindert werden können.

Die maximale Krümmung einer Gurke darf nur zehn Millimeter auf zehn Zentimeter Länge betragen.

Nach der Gurkenverordnung (EWG) Nr. 1677/88 musste eine Gurke gut geformt und praktisch gerade sein, d. h. eine maximale Krümmung von 10 Millimeter auf 10 Zentimeter Länge aufweisen. Die Gurkenkrümmungsverordnung war zwanzig Jahre lang ein Paradebeispiel für die Regelungswut der EU, bis sie 2009 außer Kraft gesetzt wurde.

Die Länge einer Banane muss mindestens 14 cm und die Dicke mindestens 27 mm betragen. Sie darf auch in gekrümmtem Zustand verkauft werden.

Vielleicht fragen Sie sich, warum Bananen im Unterschied zu Gurken krumm sein dürfen. Die Antwort lautet: weil die EU noch nicht entschieden hat, dass sie gerade sein müssen.[1]

Nest ist ein gesonderter Bereich
zur Eiablage.

Diese bahnbrechende Erkenntnis verdanken wir der Richtlinie 2001/312/D. Darin wird unter anderem die Hühnerhaltung penibel geregelt.

Die »Pizza Napoletana« ist eine kreisförmige
Backware mit Durchmesser von höchstens
35 Zentimeter mit Belag bedecktem Inneren.

Vollständig lautet die Definition einer Pizza in der Verordnung (EU) Nr. 97/2010 so:

Die »Pizza Napoletana« ist eine kreisförmige Backware mit variablem Durchmesser von höchstens 35 cm mit erhabenem Teigrand und mit Belag bedecktem Inneren. Das Innere ist 0,4 cm dick, wobei eine Toleranz von + 10 % zulässig ist, der Teigrand ist 1 – 2 cm dick. Die Pizza ist insgesamt weich und elastisch und lässt sich leicht zweimal zusammenklappen.

Ein Kondom ist ein von Verbrauchern
verwendetes Medizinprodukt, das dazu vorgesehen
ist, während sexueller Handlungen über den
Penis gezogen zu werden und dort zu verbleiben.

Ohne die Handlungsanweisung in der Euro-Norm ISO 4074 hätten die meisten Verbraucher das Kondom wohl zur Empfängnisverhütung runtergeschluckt. Das Kondom muss hiernach mindestens 16 Zentimeter lang und 56 Millimeter breit sein. Bei der Ejakulatmenge hat man ein bisschen übertrieben. Es müssen im Kondom ganze fünf Liter Platz haben …

»Aufzug« ist ein Hebezeug, das zwischen festgelegten Ebenen mittels eines Fahrkorbs verkehrt, der zur Personen- oder Güterbeförderung bestimmt ist und an starren Führungen entlang fortbewegt wird.

Ohne die Richtlinie 95/16/EG würde man einen Aufzug wohl nicht erkennen, wenn man darin einsteigt. Um jede Verwechselungsgefahr auszuschließen, stellt die Richtlinie klar, dass Seilbahnen und Zahnradbahnen keine Aufzüge sind.

Die Benutzung von Leitern ist gefährlich.

Aufklappen, gerade hinstellen, draufsteigen – eine Leiter aufzubauen, ist nicht schwierig. Eigentlich. Doch wer die Leiter-Richtlinie (2001/45/EG) liest, könnte meinen, es handele sich um einen hochkomplexen Vorgang:

Die Leiterfüße von tragbaren Leitern müssen so auf einem stabilen, festen, angemessen dimensionierten und unbeweglichen Untergrund ruhen, dass die Stufen in horizontaler Stellung bleiben. (…) Das Verrutschen der Leiterfüße von tragbaren Leitern muss während der Benutzung dieser Leitern entweder durch Fixierung des oberen oder unteren Teils der Holme, durch eine Gleitschutzvorrichtung oder durch eine andere gleichwertige Lösung verhindert werden.

Schön ist auch der Zusatz, dies gelte nicht für Strickleitern.

Bleigießsets zu Silvester dürfen seit 2018 nicht mehr verkauft werden.

Bleigießen ist ein jahrhundertealter Brauch und ein Partyspaß an Silvester. Bleigieß-Sets dürfen jedoch wegen der EU-Chemikalienverordnung seit April 2018 nicht mehr verkauft werden. Diese reguliert den erlaubten Bleigehalt in Produkten. Um Mensch und Umwelt vor dem giftigen Element zu schützen und die Trinkwasserqualität zu bewahren, wurden 0,3 Prozent Bleianteil als Grenzwert festgelegt. Figuren zum Bleigießen enthalten jedoch bis zu siebzig Prozent Blei und dürfen somit nicht mehr verkauft werden.

Schlafanzüge sind Zusammenstellungen von zwei Kleidungsstücken aus Gewirken oder Gestricken, die nach ihrem äußeren Erscheinungsbild ausschließlich zum Tragen im Bett bestimmt sind.

Tatsächlich ist die Definition von Schlafanzügen durch den Europäischen Gerichtshof noch viel länger:

»Schlafanzüge im Sinne der Position 6108 der Kombinierten Nomenklatur des Gemeinsamen Zolltarifs in der Fassung der Verordnung (EWG) Nr. 2658/87 des Rates vom 23. Juli 1987 über die zolltarifliche und statistische Nomenklatur sowie den Gemeinsamen Zolltarif und der Verordnung (EWG) Nr. 3174/88 der Kommission vom 21. September 1988 zur Änderung des Anhangs I der Verordnung (EWG) Nr. 2658/87 des Rates über die zolltarifliche und statistische Nomenklatur sowie den Gemeinsamen Zolltarif sind nicht nur solche Zusammenstellungen von zwei Kleidungsstücken aus Gewirken oder Gestricken, die nach ihrem äußeren Erscheinungsbild ausschließlich zum Tragen im Bett bestimmt sind, sondern auch solche, die im Wesentlichen hierfür verwendet werden.«[2]

**Das Vaterunser hat 56 Wörter,
die Zehn Gebote haben 297 und die amerikanische
Unabhängigkeitserklärung 300.
Aber eine Verordnung der EWG-Kommission über
den Import von Karamellen und Karamellprodukten
zieht sich über 25 911 Wörter hin.**

Mit diesem so überzeugenden Vergleich wurde Alwin Münch-meyer, damals Präsident des Bundesverbandes deutscher Ban-ken 1974, im *Spiegel* zitiert. Er wollte damit die Europäische Wirtschaftsgemeinschaft EWG (Vorgängerin der EG) als büro-kratisches Monster anprangern, die Dinge regelt, die eigentlich gar nicht geregelt werden müssen.

Nur: Die Karamellverordnung gab es gar nicht. Münchmeyer hat sie sich, in ironischer Absicht, bloß ausgedacht.[3]

**Honig ist der natursüße Stoff,
der von Bienen erzeugt wird, indem die Bienen
Nektar von Pflanzen aufnehmen, durch
Kombination mit eigenen spezifischen Stoffen
umwandeln, einlagern, dehydrieren
und in den Waben des Bienenstockes speichern
und reifen lassen.**

So lautet, leicht gekürzt, die Definition von Honig in der Richt-linie 2001/110/EG vom 20.12.2001. Vollständig ist die Definiti-on eine Spur unverständlicher:

Honig ist der natursüße Stoff, der von Bienen der Art Apis mel-lifera erzeugt wird, indem die Bienen Nektar von Pflanzen oder Absonderungen lebender Pflanzenteile oder sich auf den lebenden Pflanzenteilen befindliche Sekrete von an Pflanzen saugenden In-sekten aufnehmen, durch Kombination mit eigenen spezifischen

Stoffen umwandeln, einlagern, dehydrieren und in den Waben des
Bienenstockes speichern und reifen lassen.

Die Wasserflasche darf nicht mit an Bord eines Passagierfluges, das Messer schon.

Eine Wasserflasche über 100 ml darf nicht mit an Bord eines Passagierfluges genommen werden, da es sich um Flüssigsprengstoff handeln könnte. Nach der EU-Verordnung 68/2004 dürfen aber Taschenmesser mit einer Klinge von bis zu sechs Zentimetern mitgenommen werden. Die Logik, dass Wasser verboten, ein Messer aber erlaubt ist, versteht niemand.[4]

Erdbeermarmelade darf in Europa nicht verkauft werden.

Denn bei Marmelade muss es sich um ein Erzeugnis handeln, das aus Zitrusfrüchten hergestellt wird, also aus Orangen oder Zitronen. Wird die »Marmelade« aus Nicht-Zitrusfrüchten hergestellt, etwa aus Erdbeeren, darf sie nach EU-Recht nicht »Marmelade« heißen, sondern muss »Konfitüre« genannt werden.[5]

Nachsitzen, Hausarrest und Schneeballschlachten
Absurdes aus Schule und Elternhaus

Schülern ist fast alles verboten, was Spaß bringt, wie Jogging-hosen im Klassenraum, Stuhl wegziehen oder Spielzeugpisto-len. Aber sie haben auch Rechte. Kein Lehrer darf ihnen zum Beispiel den Glauben an den Weihnachtsmann nehmen.

Eine Realschule in Baden-Württemberg verbietet das Tragen von Jogginghosen im Unterricht.

Ziffer 13 in der neuen Schulordnung der Kreuzerfeld-Realschule in Rottenburg lautet: »Wir kleiden uns in der Schule angemes-sen. Unsere schulische Kleidung unterscheidet sich von unserer Freizeitkleidung.« Der Schuldirektor stellte klar: Jogginghosen können die Schüler zu Hause auf der Couch tragen, im Unter-richt sind sie dagegen nicht angemessen.[1]

In Hannover verklagte ein Schüler seinen Mitschüler auf Zahlung von 1400 Euro Schmerzensgeld, weil dieser ihm beim Hinsetzen den Stuhl weggezogen hatte.

Allerdings wies das Amtsgericht Hannover die Klage ab, weil nach der Rechtsprechung des Bundesgerichtshofs Kinder für Neckereien untereinander im Klassenzimmer in der Regel nicht haften müssen. »Das ist kein Freifahrtschein, dass man sich in der Schule prügeln darf«, fügte die Richterin allerdings hinzu.[2]

Das Aufsteigenlassen von Kinderballonen ist genehmigungspflichtig.

Für den Aufstieg von mehreren Kinderluftballons bei einer Feier ist eine Flugverkehrskontrollfreigabe nach § 16a Abs. 1 Nr. 3 LuftVO erforderlich. Anträge sind mit einem Vorlauf von acht Tagen bei der Deutschen Flugsicherung zu stellen.

In Florida ist es verboten, die eigenen Kinder zu verkaufen.

Wer hätte gedacht, dass Kinderhandel illegal ist? In manchen verschrobenen Staaten scheint das leider an der Tagesordnung zu sein, aber in den USA, im wohlhabenden Westen …? Strafbar machen sich in Florida nicht nur die Eltern, sondern auch der Käufer.[3]

Schneeballschlachten sind in Topeka, Kansas verboten.

Es ist verboten, Schneebälle auf Fahrzeuge, Gebäude, Bäume oder Personen zu werfen.[4]

Unangekündigte Klassenarbeiten sind verboten.

In den Schulgesetzen vieler deutscher Bundesländer steht, dass der Termin einer Klausur sowie deren inhaltlicher Schwerpunkt spätestens eine Woche vorher bekannt zu geben ist.

Das Informationsfreiheitsgesetz gibt keinen Anspruch auf die vorherige Bekanntgabe der Abituraufgaben.

Ein Abiturient beantragte beim Schulministerium auf Grundlage des Informationsfreiheitsgesetzes, ihm die Abituraufgaben vor der Prüfung zuzusenden. Laut Informationsfreiheitsgesetz hat jeder das Recht, Auskunft von Behörden zu erhalten. Das leuchtete auch dem Schulministerium ein. Allerdings wäre die Prüfung sinnlos, wenn die genauen Aufgaben vorher bekannt wären. Dem Antrag könne daher »frühestens am ersten Werktag nach Abschluss des gesamten Abiturverfahrens stattgegeben werden«.[5]

In New Jersey (USA) wurde eine Lehrerin entlassen, weil sie Erstklässler über den Weihnachtsmann und andere Kindheitsmythen aufgeklärt hatte.

In einer Vertretungsstunde erklärte die Frau den Kindern, dass es »Santa Claus« nicht gebe. Als die Kinder nachhakten, enttarnte sie zudem die Zahnfee, den Osterhasen und die Weihnachtselfen. Laut Schulleiter habe die Lehrerin die Eltern damit in ernsthafte Erklärungsnot gebracht. Sie darf in dem Schulbezirk künftig nicht mehr unterrichten.[6]

Wer zu Unrecht auf eine Sonderschule geschickt wird, erhält in Deutschland dafür womöglich Schadenersatz

Nenad M. wurde als Kind fälschlicherweise ein IQ von 59 attestiert und als geistig behindert eingestuft. Er kam auf eine Schule für geistig Behinderte. Danach wurde die Diagnose nie wieder überprüft. Nach Jahren stellte sich heraus, dass sein IQ bei 94 und damit im guten Bevölkerungsdurchschnitt lag.

Nachdem der Kölner zu Unrecht elf Jahre lang eine Sonderschule hatte besuchen müssen, verklagte er das Land wegen Amtspflichtverletzung auf Schadenersatz und Schmerzensgeld in Höhe von 52 000 Euro. Das Landgericht Köln bejahte eine Haftung des Landes Nordrhein-Westfalen dem Grunde nach. Über die Höhe der Entschädigung hat es noch nicht entschieden.[7]

In Österreich ist es Lehrern nicht erlaubt, Hausaufgaben übers Wochenende aufzugeben.

Hausübungen, die an Samstagen, Sonntagen oder Feiertagen oder während der Weihnachtsferien, der Semesterferien, der Osterferien, der Pfingstferien oder der Hauptferien erarbeitet werden müssten, dürfen nicht aufgetragen werden.[8]

Von den Eltern verordneter Hausarrest, der über mehrere Tage oder sogar Wochen geht, ist verboten.

Nach § 1631 Abs. 2 S. 2 BGB sind Ausgehverbote zulässig, sofern sie nicht entwürdigend sind. Das schließt Hausarrest über mehrere Tage oder sogar Wochen aus.

Ausgehverbote von einem Tag oder einem Wochenende sind hingegen erlaubt.

**Lehrkräfte dürfen die Noten
eines Schülers nicht ohne sein Einverständnis laut
vor der Klasse verlesen.**

Das verstieße gegen das Persönlichkeitsrecht auf informationelle Selbstbestimmung und gegen Datenschutzbestimmungen.

**Wenn ein Schüler während des Unterrichts oder
einer Klausur zur Toilette muss,
darf ein Lehrer ihm das nicht verbieten.**

Es ist elementares Grundrecht, seine Notdurft ungehindert auf Toiletten verrichten zu können. Dieses Recht haben auch Schüler.

**Ein Lehrer darf einen Schüler nicht zur Strafe
nachsitzen lassen. Lediglich zum Aufholen des
versäumten Unterrichtsstoffes ist das Nachsitzen
erlaubt.**

Als erzieherische Maßnahme ist die »Nacharbeit unter Aufsicht« in § 53 Abs. 2 SchulG NRW genannt. Diese Maßnahme kann angeordnet werden, wenn eine Schülerin oder ein Schüler durch eigenes Verschulden Unterrichtsstoff versäumt hat. Zur Strafe darf ein Lehrer einen Schüler allerdings nicht nachsitzen lassen. Das wäre Freiheitsberaubung.

**Nachdem ein Elternsprecher sich über eine
Lehrerin beschwert hatte, verklagte sie ihn auf
Zahlung von Schmerzensgeld. Sie blieb erfolglos.**

Ein Elternsprecher fasste die Beschwerden zahlreicher Eltern über eine Lehrerin in einem Brief an die Schulleitung zusammen. Hierin benannte er u. a. die Bloßstellung und Beleidigung von Kindern vor der Klasse. Dies ging der Klägerin zu weit, sie klagte auf Unterlassung. Außerdem stehe ihr ein Schmerzensgeld von 30 000 Euro zu.

Das Landgericht Köln wies die Klage ab. Der Elternsprecher sei berechtigt gewesen, die von mehreren Eltern geäußerten Vorwürfe in einem Brief zusammenzufassen.[9]

Ein Lehrer darf den Rucksack eines Schülers nicht durchsuchen.

Eine Taschenkontrolle stellt einen Eingriff in Freiheitsrechte dar. Ein solcher Eingriff ist deshalb normalerweise verboten und muss, um rechtmäßig zu sein, durch ein Gesetz erlaubt werden. Die Schulgesetze der Länder enthalten regelmäßig keine Eingriffsermächtigung. Allerdings könnte der Lehrer die Polizei einschalten, die bei einem konkreten Anlass (Waffen, Drogen) den Rucksack des Schülers kontrollieren darf.

Ein Lehrer darf die gesamte Klasse nicht für das Fehlverhalten eines einzelnen Schülers bestrafen. Diese sogenannten Kollektivstrafen sind in Deutschland illegal.

Kollektivstrafen sind unzulässig, da Verfehlungen dem bestraften Schüler nachgewiesen werden müssen. Wird die ganze Klasse bestraft, würde die Strafe auch unschuldige Schüler treffen.

Solange ihr noch bei euren Eltern wohnt, seid ihr gesetzlich dazu verpflichtet, ihnen im Haushalt zu helfen.

§ 1691 BGB: Das Kind ist, solange es dem elterlichen Hausstand angehört und von den Eltern erzogen oder unterhalten wird, verpflichtet, in einer seinen Kräften und seiner Lebensstellung entsprechenden Weise den Eltern in ihrem Hauswesen und Geschäft Dienste zu leisten.

In Deutschland ist es verboten, sein Kind »Adolf Hitler« zu nennen.

Nach einer Verwaltungsvorschrift für Standesämter dürfen anstößige Vornamen nicht gewählt werden, denn toxische Vornamen sind nicht förderlich für das Kindeswohl. Deshalb sollte man sein Kind nicht nach einem Diktator wie Hitler oder Stalin benennen. Ebenfalls nicht eintragungsfähig sind Vornamen mit einer Nähe zum Bösen, wie »Satan« oder »Judas«.

Pumuckl und andere verrückte Vornamen sind erlaubt.

Als unbedenklich wurden von den Gerichten folgende Vornamen eingestuft:

- Winnetou (Amtsgericht Darmstadt, StAZ 1975, 134)
- Fanta (Landgericht Köln StAZ 1999, 147 – 148)
- Pumuckl (Oberlandesgericht Zweibrücken, 16.09.1983 – 3 W 79/83)
- Windsbraut (Landgericht Ravensburg, Beschluss vom 18. März 1985 – 1 T 20/85)

- Birkenfeld (Oberlandesgericht Frankfurt, Beschluss vom 14. Februar 2000 – 20 W 190/94)

Wer ein Kind bei hohen Temperaturen in einem Auto eingeschlossen sieht, darf die Autoscheibe einschlagen und bleibt dabei straffrei.

Im Sommer kann die Innentemperatur eines Autos binnen fünfzehn Minuten auf siebzig Grad Celsius ansteigen und so das Leben von Kindern gefährden, die darin eingeschlossen sind. Wer die Autoscheibe einschlägt, um das Kind vor dem Hitzetod zu retten, kann nicht wegen Sachbeschädigung bestraft werden, denn seine Tat ist als Nothilfe gerechtfertigt. Man ist zur Hilfestellung sogar verpflichtet.

An Halloween dürfen Kinder nur in der Zeit zwischen 18 und 20 Uhr »Süßes oder Saures« verlangen.

So sieht es jedenfalls die Stadtverordnung von Rehoboth, Delaware vor, nach der Kinder bis zu vierzehn Jahren nur zwischen 18 und 20 Uhr von Tür zu Tür ziehen dürfen. Fällt Halloween auf einen Sonntag, ist auch das verboten, und das Von-Tür-zu-Tür-Ziehen muss auf den 30. Oktober vorverlegt werden.[10]

Kinder dürfen mancherorts in den USA keine Halloween-Maske tragen, es sei denn, sie haben eine Sondererlaubnis vom Sheriff.

Niemand darf auf einer öffentlichen Straße in Walnut, Kalifornien ohne Erlaubnis des Sheriffs eine Maske oder eine Verkleidung tragen.[11]

In Indiana kann ein Erwachsener Sex mit einer Sechzehnjährigen haben, pornografische Fotos darf er ihr aber nicht schicken.

Ein ehemaliger Lehrer wurde im US-Staat Indiana angeklagt, weil er einer Sechzehnjährigen beim Online-Dating ein Bild seines Penis geschickt hat. Darauf steht bis zu drei Jahren Gefängnis. Kurioserweise ist hingegen Sex zwischen Erwachsenen und Sechzehnjährigen legal. Hätte der Lehrer dem Mädchen seinen Penis statt auf dem Foto in natura beim Sex gezeigt, wäre das straffrei gewesen.[12]

Auf dem Spielplatz darf man nicht lästern.

Keine Person darf eine lästernde oder unanständige Sprache verwenden oder in irgendeiner Weise eine andere Person ärgern oder eine ungebührliche oder unanständige Handlung innerhalb der Grenzen eines Parks oder eines Spielplatzes ausüben.[13]

Händchenhalten ist in Tennessees Schulen verboten.

In Tennessee schreibt der Gesetzgeber vor, dass Schüler zur Abstinenz erzogen werden. Und Händchenhalten gilt nun offenbar als das Einfallstor für jede sexuelle Aktivität. Ungewollte Schwangerschaften, Abtreibungen, Prostitution – alles hat einmal mit scheinbar harmlosem Händchenhalten angefangen, oder?[14]

Spielzeugpistolen sind in Rhode Island verboten.

Insbesondere Spielzeugpistolen für Zündblättchen sind streng verboten. Denn die Zündblättchen gehören zu den gefährlichen Explosivstoffen.[15]

Ein Wochenende ohne Handy verletzt einen Schüler nicht in seinen Grundrechten.

Ein sechzehnjähriger Schüler spielte an einem Freitag in der letzten Stunde unter der Bank mit seinem Handy. Der Klassenlehrer bemerkte das und kassierte das Gerät ein. Das Handy wurde übers Wochenende einbehalten und erst am Montag wieder herausgegeben.

Der Schüler tobte – und klagte. Die Handyeinziehung habe ihn in seiner Ehre verletzt und gedemütigt, es liege ein schwerer Grundrechtseingriff vor.

Das sah das Verwaltungsgericht Berlin anders und wies die Klage ab. Die vorübergehende Einziehung des Handys sei als erzieherisches Mittel erlaubt. Ein Wochenende ohne Handy habe den Schüler auch nicht schwerwiegend in seinen Grundrechten verletzt.[16]

Ein Kind hat nur eine Mutter.

Zwei Lesben führten eine langjährige Lebensgemeinschaft, aus der ein mittels künstlicher Befruchtung gezeugter Sohn hervorging. Das Kind wuchs mit zwei Müttern auf. Doch es kam zur Trennung und zu einem Streit über das Umgangsrecht. Auch die Frau, die das Kind nicht geboren hatte, nahm für sich Mutterrechte in Anspruch. Falsch, beschied das Oberlandesgericht Hamm. Von zwei Lesben mit Kind kann nur eine »Mutter« sein.[17]

Mit 18 Jahren können Sie in Deutschland Bundeskanzler werden, strafrechtlich gelten Sie aber erst ab 21 Jahren als Erwachsener.

Bis 21 Jahre ist man nach dem Jugendgerichtsgesetz bloß ein reifeverzögerter Heranwachsender, der typische Jugendverfehlungen begeht. Da wird dann selbst der von Ihnen befohlene Angriffskrieg noch nach dem Jugendstrafrecht geahndet.

In Bayern war die Prügelstrafe durch Stockschläge und Ohrfeigen für Schüler bis 1983 offiziell erlaubt.

Bis 1973 war die körperliche Bestrafung in der Bundesrepublik Deutschland ein gebräuchliches Mittel an Schulen, um Kinder und Jugendliche für Streiche oder Störungen des Unterrichts zu bestrafen. Hierbei wurden die Schüler meist mit Rohrstöcken oder Linealen auf die Hand oder das Gesäß geschlagen – auch feste Ohrfeigen waren an der Tagesordnung. Nachdem die Körperstrafe 1973 letztlich als schädlich für die kindliche Entwicklung befunden wurde, wurde sie bundesweit abgeschafft. Die Bayerische Regierung hielt jedoch weitere zehn Jahre an der Prügelstrafe fest. Erst am 1. Januar 1983 erfolgte der Zusatz in Artikel Art. 63 Abs. 3 Satz 2 der damaligen Fassung des bayerischen Erziehungs- und Unterrichtsgesetzes: »Körperliche Züchtigung ist nicht zulässig.«

Mord ist kein Arbeitsunfall
Amüsantes aus dem Arbeits- und Sozialrecht

Ist Saufen eine berufliche Tätigkeit? Wie oft darf ein Angestellter zur Toilette gehen? Auch vor Arbeits- und Sozialgerichten gibt es kuriose Fälle zuhauf.

Ein Vorgesetzter darf einer Mitarbeiterin nicht in den Hintern treten, um sie zur Arbeit anzutreiben.

Ein Vorgesetzter hatte seiner Mitarbeiterin in den Hintern getreten, um sie bei der Arbeit anzuspornen. Durch den kräftigen Tritt mit Stahlkappenschuhen erlitt sie eine Steißbeinfraktur. Sie verklagte ihren Vorgesetzten erfolgreich auf Schmerzensgeld. Das Gericht meinte, der Wunsch von Vorgesetzten, dass man leistungsschwache Mitarbeiter mal in den Hintern treten müsse, sei durchaus verbreitet. Nach dem geltenden Arbeitsrecht ist ein Vorgesetzter aber nicht berechtigt, durch einen Tritt einen untergebenen Mitarbeiter zu disziplinieren.[1]

Der Tod eines Menschen kann nicht als »dauerhafte Berufsunfähigkeit« angesehen werden.

Die Witwe eines Steuerberaters wollte beim Verkauf der Praxis den erhöhten Freibetrag für dauerhafte Berufsunfähigkeit geltend machen. Ihr Ehemann sei aufgrund des tödlichen Herzinfarkts berufsunfähig geworden. Der Bundesfinanzhof ließ die Witwe abblitzen. Es ist nicht möglich, den Tod eines Steuerpflichtigen als »dauernde Berufsunfähigkeit« im Sinne von § 16 Abs. 1 Satz 3 EStG zu werten und demgemäß den erhöhten Freibetrag abzuziehen, denn der natürliche Sprachgebrauch unterscheidet zwischen dauernder Berufsunfähigkeit und Tod.[2]

Eine Ärztin kann nicht
26 Stunden am Tag arbeiten.

Die Kassenärztliche Vereinigung forderte von einer Ärztin Honorar in Höhe von 150 000 Euro zurück, weil sich aus deren Abrechnungen eine tägliche Arbeitszeit von durchschnittlich 26,17 Stunden ergab. Die Ärztin habe die abgerechneten Leistungen zeitlich gar nicht erbringen können. Dagegen klagte die Ärztin. Die hohe Anzahl von 2500 Patienten im Quartal ergebe sich daraus, dass sie besonders schnell arbeite und außerdem multitaskingfähig sei. Das Sozialgericht Dortmund bestätigte die Honorarrückforderung. Anhand der Praxisöffnungszeiten ging das Gericht von einer täglichen Arbeitszeit von zehn Stunden aus. Die darüber hinausgehenden sechzehn Stunden hatte die Klägerin tatsächlich nicht gearbeitet, aber abgerechnet.[3]

Saufen ist keine berufliche Tätigkeit.

Der Kläger war Kundenbetreuer in einer Schiffswerft. Die Geschäftsführung hatte den trinkfesten Ingenieur beauftragt, die Kunden möglichst nicht den Schiffsbau mit Argusaugen überwachen zu lassen, sondern stattdessen mit ihnen einen trinken zu gehen. Dadurch konnte die Anzahl von Mängelrügen erheblich gesenkt werden.

Doch das jahrelange Trinken blieb nicht ohne Folgen. Der Kläger wurde schwer krank und begehrte eine Berufsunfähigkeitsrente. Seine Erkrankung aufgrund des von der Geschäftsführung gewünschten Alkoholkonsums bei »Geschäftsessen« sei eine Berufskrankheit.

Das Sozialgericht Bremen wies die Klage ab. Er habe die Tätigkeit wegen der damit verbundenen Gesundheitsgefahr von vornherein ablehnen müssen. Sein späteres Alkoholleiden sei daher nicht als Berufskrankheit zu beurteilen.[4]

Mord ist kein Arbeitsunfall.

Der Inhaber einer Pizzeria war von seinem Sohn erst mit dem Hammer auf den Kopf geschlagen und dann mit Benzin übergossen und angezündet worden – der Vater überlebte das nicht. Die Witwe klagte auf Witwenrente. Es liege ein Arbeitsunfall vor, denn Vater und Sohn hatten sich auf dem Rückweg vom Steuerberater befunden.

Das Gericht wies die Klage ab, denn der Mord an ihrem Ehemann war kein Arbeitsunfall. Zwar hat er sich auf dem Arbeitsweg ereignet, es fehlt aber der betriebliche Zusammenhang. Der Sohn hatte seinen Vater aus abgrundtiefem Hass ermordet. Mit der Pizzeria hatte der brutale Mord nichts zu tun.[5]

Krankfeiern auf Mallorca kann den Ausbildungsplatz kosten.

Eine Friseurauszubildende holte sich ihren Urlaubsschein von Doc Holiday, meldete sich krank und flog nach Mallorca. Doch sie verriet ihr Krankfeiern selbst, denn sie postete auf Facebook: »Ab zum Arzt und dann Koffer packen.« Auf Mallorca besuchte sie eine Diskothek und ließ sich tätowieren. Sie stellte eine Reihe heiterer Urlaubsbilder auf ihrer Facebook-Seite ein, auf denen sie alles andere als krank wirkte. Der erboste Ausbilder kündigte ihr daraufhin. Zu Recht, befand das Arbeitsgericht Düsseldorf.

Wir lernen daraus: Wer betrügt, sollte die Welt nicht via Facebook daran teilhaben lassen.[6]

Eine Arbeitnehmerin ist nicht dazu verpflichtet, ihrem Chef eine Schwangerschaft mitzuteilen.

In § 15 Mutterschutzgesetz wird werdenden Müttern geraten, dem Arbeitgeber Schwangerschaft und mutmaßlichen Zeitpunkt der Geburt mitzuteilen. Es handelt sich lediglich um eine Soll-Vorschrift, eine Mitteilungspflicht besteht nicht. Allerdings kann der Arbeitgeber keinen Mutterschutz gewähren, wenn er von der Schwangerschaft nichts weiß.

Durch Raucherpausen kann man seinen Arbeitsplatz verlieren.

Entgegen landläufiger Meinung gibt es kein Recht auf regelmäßige Raucherpausen. Wer eigenmächtig Raucherpausen macht, ohne sich auszustempeln, kann fristlos gekündigt werden.[7]

Stirbt ein Angestellter, können seine Erben Anspruch auf Ausgleichszahlungen für den Resturlaub erheben.

Zwei Witwen klagten, weil ihre verstorbenen Ehemänner noch Resturlaub offen hatten. Das Bundesarbeitsgericht meinte, Urlaubsansprüche gingen mit dem Tod des Arbeitnehmers unter, denn ein verstorbener Arbeitnehmer könne die Erholungszeiten nicht mehr wahrnehmen. Dagegen entschied der Europäische Gerichtshof, dass der Anspruch eines Arbeitnehmers auf bezahlten Jahresurlaub nach dem Unionsrecht nicht mit dem Tod des Arbeitnehmers untergehen dürfe. Denn der Urlaubsanspruch habe nicht nur eine zeitliche, sondern auch eine finanzielle Komponente. Diese sei rein vermögensrechtlich und daher vom Arbeitnehmer vererbbar. Die Erben dürften deshalb die Auszahlung des Urlaubs verlangen.[8]

Krankgeschriebene Arbeitnehmer sind nicht gezwungen, zu Hause zu bleiben. Nicht erlaubt sind nur Tätigkeiten, die die Genesung behindern.

Ein Kfz-Sachverständiger hatte sich mit einem grippalen Infekt krankgemeldet. Er wurde fristlos gekündigt, weil er mehrfach während seiner Krankschreibung ein Fitnessstudio aufgesucht und dort trainiert hatte. Das fand das Landesarbeitsgericht Köln jedoch unbedenklich. Der Arbeitnehmer dürfe nur seine Genesung nicht bewusst gefährden.[9]

Arbeitnehmern steht in Büros eineinhalb Quadratmeter Platz zu, Hunden dagegen acht Quadratmeter.

Nach der Arbeitsstättenverordnung ist eine Bewegungsfläche am Bildschirmarbeitsplatz von eineinhalb Quadratmetern ausreichend. Einem mittelgroßen Hund stehen im Zwinger nach der Tierschutz-Hundeverordnung dagegen mindestens acht Quadratmeter zu.

Arbeitslosengeld kann bei LEGO-Sexvideos gestrichen werden.

Der Mitarbeiter eines Pflegeheims in New York drehte Sexvideos mit LEGO-Figuren und stellte sie ins Netz. Die LEGO-Figuren waren dabei Stellvertreter seines Chefs und weiterer Kollegen. Er wurde fristlos entlassen und bekam auch kein Arbeitslosengeld. Das Gericht kaufte ihm seine Ausrede, die Figuren seien nicht seinen Kollegen, sondern Vorbildern aus Filmen und Rap-Videos nachempfunden, nicht ab. Denn er hatte die Figuren nach seinem Chef und weiteren Kollegen benannt. So war die Arbeitslosigkeit selbst verschuldet, und es gab kein Geld vom Amt.[10]

Gehalt kann wegen häufiger Toilettenbesuche nicht gekürzt werden.

Der Kanzleichef fand, der angestellte Rechtsanwalt verbringe zu viel Zeit auf der Toilette. Er ließ dessen Toiletten-Aufenthaltsdauer vierzehn Tage lang protokollieren. Der Anwalt hatte in den zwei Wochen 384 Minuten auf der Toilette verbracht. Der Kanzleichef rechnete diese Fehlzeit auf die Gesamtdauer des Arbeitsverhältnisses hoch und kürzte das Gehalt entsprechend. Das Gericht erteilte dem jedoch eine Abfuhr.[11]

Jedes Offshore-Windrad muss mit einem Kartenspiel ausgestattet sein.

Offshore-Windräder müssen für Notfälle wie Sturm einen Schutzraum haben, in dem für die Wartungsmonteure neben Schlafsäcken, Wasser und Nahrung eben auch ein Kartenspiel für den Zeitvertreib bis zur Rettung vorhanden sein muss. Das schreibt ein umfangreiches Regelwerk der Berufsgenossenschaft vor.[12]

Krankenkasse muss nicht für Katze zahlen.

Die Frau war psychisch krank und wollte von der Krankenkasse die Kosten für ihren Hund und ihre Katze erstattet bekommen. Denn durch die Sorge um die Tiere habe sie wieder neuen Lebensmut gewinnen können. Die gesetzliche Krankenkasse lehnte die Kostenübernahme für die Tierhaltung aus gesundheitlichen Gründen ab.

Das Sozialgericht Dortmund hat die hiergegen erhobene Klage als unbegründet abgewiesen. Hunde und Katzen werden nicht zur Heilung von Krankheitszuständen angeschafft. Sie sind Spielkameraden, manchmal ersetzen sie Partner, dienen der Gesellschaft und Unterhaltung. Dass sie sich positiv auf die Psyche der Klägerin auswirken mögen, macht sie noch nicht zum Teil einer Krankenbehandlung. Entsprechend seien die Kosten der privaten Lebensführung zuzuordnen.[13]

Stirbt ein Beamter während einer Dienstreise, so ist diese beendet
Sonderbares aus dem Beamten- und Öffentlichen Recht

Das Beamten- und Öffentliche Recht (ja, genau so hölzern heißt das) widmet sich den wirklich existenziellen Fragen des Lebens: Existiert die Bundesrepublik Deutschland überhaupt? Kann ich als Legastheniker Polizist werden? Muss ich Kirchensteuer zahlen, obwohl meine Vorfahrin von der Kirche als Hexe verbrannt worden ist?

Die einmalige Zahlung wird für jeden Berechtigten nur einmal gewährt.

Diese Aufklärung verdanken wir § 3 Abs. 1 Satz 1 Bundesbesoldungs- und Versorgungsanpassungsgesetz 1999.

Für Fluchtzwecke gibt es keinen Pass.

Der Haftbefehl ist in der Welt, der Flug in ein Land ohne Auslieferungsabkommen gebucht – da fehlt nur noch der Pass. Doch der Pass ist zu versagen, wenn der Passbewerber sich einer Strafverfolgung entziehen will.[1]

Der Besuch eines Bierzelts ist für Lehrer Dienst.

Eine Lehrerin unternahm mit ihren Schülern eine Klassenfahrt nach München. Höhepunkt war ein Abend in einem bayerischen Festzelt. Die Stimmung war fröhlich, und die Lehrerin stieg auf eine Bank, um zur Bierzeltmusik zu tanzen. Dabei stürzte sie und zog sich eine Rückenverletzung zu. Sie klagte auf Anerkennung als Dienstunfall. Das Verwaltungsgericht Stuttgart gab ihr recht. Der Besuch des Bierzelts war vom offiziellen Programmpunkt des Besuchs des Volksfestes umfasst. Bei einem derartigen Programmpunkt gebietet es der pädagogische Gesamtauftrag einer Lehrerin, sich dem nicht zu entziehen, sondern bei den Schülern zu sein.[2]

Eine Phobie gegen amtliche Schreiben ist keine Entschuldigung.

Einer Frau war das Kindergeld gestrichen worden, weil sie keine Nachweise über die Fortdauer der Schulausbildung ihrer Tochter vorgelegt hatte. Gegen den Bescheid legte sie verspätet Einspruch ein und beantragte Wiedereinsetzung. Sie könne sich ihr Fristversäumnis nur mit einer Phobie gegen amtliche Schreiben erklären. Ihr seien schon sehr viele finanzielle Nachteile dadurch entstanden, dass sie amtliche Schreiben einfach nicht geöffnet, sondern liegen gelassen bzw. entsorgt habe, weil sie panische Angst vor dem Inhalt dieser amtlichen Schreiben gehabt habe und auch weiterhin habe.

Das Finanzgericht Rheinland-Pfalz ließ die Entschuldigung nicht gelten. Eine Phobie gegen amtliche Schreiben rechtfertige es nicht, Schreiben des Finanzamts einfach zu ignorieren. Sie hätte zumindest einen Vertreter bestellen müssen, der sich darum kümmert.[3]

Legastheniker können in Bayern
auch Polizist werden.

Lesen und Schreiben können gehört in Bayern nicht mehr zu den Kernkompetenzen eines Polizisten. Ein geübter Umgang mit dem Haugummi ist da wichtiger. In den Einstellungsvoraussetzungen für die bayerische Polizei steht: »Eine Bewerbung ist auch mit Legasthenie möglich.«[4]

Eine Beamtin hat keinen Anspruch auf Sofa
und Laufband im Dienstzimmer.

Eine Beamtin hatte ein Laufband und ein Sofa in ihrem Dienstzimmer aufgestellt. Der Dienstherr ließ beides entfernen und in einem Lagerraum zwischenlagern. Dagegen klagte die Beamtin. Bei dem Laufband handele es sich nicht um ein Sportgerät, sondern um die Teilkomponente eines sogenannten »dynamischen Arbeitsplatzes«.

Das Verwaltungsgericht Trier sah jedoch durch das Vorhandensein von Sportgeräten und Ruhemöbeln in einem Dienstzimmer die effektive Wahrnehmung der Dienstpflicht gefährdet und wies die Klage ab. Die Beamtin solle arbeiten und sich weder ausruhen noch Sport treiben.[5]

Gericht stellt fest:
Die Bundesrepublik existiert.

Der Kläger wandte sich gegen eine Kontopfändung durch das Finanzamt und machte geltend, die Bundesrepublik Deutschland existiere gar nicht. Sie sei seit dem 17. Juli 1990 durch die Streichung des Artikel 23 GG erloschen. Keine Behörde der angeblich noch existenten BRD habe noch irgendwelche Rechte,

Ladungen, Beschlüsse oder Urteile »Im Namen des Volkes« auszusprechen.

Das Finanzgericht wies die Klage ab. Die Bundesrepublik Deutschland existiere durchaus. Das Begehren des Klägers, die Nichtexistenz der Bundesrepublik festzustellen, überschreite die Grenzen des Zumutbaren derart, dass eine Bearbeitung und Entscheidung in der Sache nicht in Betracht kommen dürfte.[6]

Canaan Banana, der erste Präsident von Simbabwe, erließ nach seinem Amtsantritt ein Gesetz, das jegliche Belustigung über seinen Namen verbot.

Ein Präsident mit dem Namen »Banane« lädt natürlich zu Scherzen ein. Gängige billige Scherze waren »Mann von Banane vergewaltigt« oder »Mugabe rutscht auf Banane aus«. Im Jahre 1982 wurde in Simbabwe ein Gesetz erlassen, das jegliche Belustigung bezüglich seines Namens verbot.[7]

Ein Arbeitgeber kann die Abgabe von Kirchensteuer für seine Arbeitnehmer nicht mit dem Hinweis darauf verweigern, eine Vorfahrin von ihm sei als Hexe öffentlich verbrannt worden.

Ein Fabrikant weigerte sich, für seine Arbeitnehmer Kirchensteuer einzubehalten und an das Finanzamt abzuführen, weil eine seiner Vorfahren 1664 auf dem Scheiterhaufen verbrannt wurde. Die Klage hatte keinen Erfolg. Das Finanzgericht verneinte zunächst die Frage, ob es sich bei Kirchen um kriminelle Vereinigungen handele. Die Kirchen sind heute auch nicht für den Tod der vor über 250 Jahren verbrannten Frau verantwortlich – zumindest nicht im juristischen Sinne.[8]

Lehrerin wird wegen Dschungelcamp-Trip entlassen.

Eine Mathe- und Physiklehrerin wollte ihre Tochter zu deren Dschungelcamp-Teilnahme nach Australien begleiten. Als ihr dafür kein Sonderurlaub bewilligt wurde, spielte sie ihren Ärzten eine Depression vor, wurde krankgeschrieben und flog mit ihrer Tochter nach Australien. Vor Ort gab sie Interviews, in denen sie gar nicht depressiv wirkte. Ihre Abiturienten mussten den ganzen Januar ohne ihre Lehrerin auskommen. Das Verwaltungsgericht sah in dem Vortäuschen einer Krankheit einen so schweren Verstoß gegen ihre Dienstpflichten, dass sie aus dem Dienst entfernt wurde.[9]

Ein Trauma durch eine Sex-Mail ist für einen Beamten ein Dienstunfall.

Ein Polizist erhielt von seinem Vorgesetzten eine E-Mail mit Sexbildern. Der Polizist empfand diese als ekelerregend, bekam die Bilder nicht mehr aus dem Kopf und meldete einen Dienstunfall. Er fühlte sich nach dem Anschauen der »abstoßenden Darstellungen weiblicher Geschlechtsorgane« nicht mehr wohl.

Ein Sachverständiger diagnostizierte eine durch das Öffnen der E-Mail verursachte Zwangsstörung. Das Verwaltungsgericht Düsseldorf erkannte erstaunlicherweise einen Dienstunfall an. Das Bundesland Nordrhein-Westfalen muss deshalb für die Behandlungskosten des Mannes aufkommen.[10]

Bayerischer Polizist wegen Sex in der Kirche entlassen.

Ein 26-jähriger Polizist begab sich morgens mit seiner Freundin in die Kirche. Doch statt am Gottesdienst teilzunehmen, zog er sich mit seiner Begleiterin auf die Empore zurück, um dort Sex zu haben. Unten beteten gleichzeitig zwanzig Gläubige einen Rosenkranz. Einzelne Kirchenbesucher bemerkten die Vorgänge auf der Empore. Die Haushälterin des Pfarrers ging schließlich auf die Empore und erwischte das Paar in flagranti. Der Polizist bekam einen Strafbefehl wegen Störung der Religionsausübung. Anschließend wurde er aus dem Dienst entlassen.[11]

Beamte können zur Untersuchung ihres Geisteszustandes in die Psychiatrie gebracht und dort bis zu sechs Wochen verwahrt und untersucht werden.

Zur Vorbereitung eines Gutachtens über den psychischen Zustand des Beamten kann das Verwaltungsgericht auf Antrag und nach Anhörung eines Sachverständigen durch Beschluss anordnen, dass der Beamte in einem öffentlichen psychiatrischen Krankenhaus oder einer sonstigen geeigneten Krankenanstalt untergebracht und untersucht wird.[12]

In Chico, Kalifornien wird für die Explosion einer Atomwaffe eine Geldstrafe von 500 Dollar fällig.

Keine Person darf innerhalb der Stadt Atomwaffen, Komponenten einer Atomwaffe, ein Atomwaffenlieferungssystem oder Komponenten eines Atomwaffenlieferungssystems herstellen, testen, warten oder lagern. Die Strafe von 500 Dollar wird sicherlich jeden vor der Benutzung einer Atomwaffe abschrecken.[13]

In Alabama muss sich der Wähler innerhalb von fünf Minuten entscheiden.

Verbringt der Wähler mehr als vier Minuten in der Wahlkabine, kann er gefragt werden, ob er Hilfe braucht. Wenn nicht, bekommt er eine weitere Minute und muss danach gehen.[14]

Kriminelle sind in den USA verpflichtet, ihre illegalen Einkünfte in der Steuererklärung anzugeben.

Einnahmen aus illegalen Aktivitäten, wie z. B. Geld aus dem Handel mit illegalen Drogen, müssen auf Formular 1040, Zeile 21 angeben werden. Das schreiben die Steuerrichtlinien vor. Klar, das wird jeder Drogendealer auch brav so machen.[15]

Das Küssen von Krokodilen ist verboten
Lustige Tiergesetze

Die Tierwelt ist für durchgedrehte Gesetzgeber ein besonders dankbares Regelungsobjekt. Höchststrafen für das Töten von Wespen, Seehunde als Kläger, Goldfischglas-Verbot – die kuriosen Gesetze sind so zahlreich wie die Tierarten selbst.

Seehunde in der Nordsee dürfen vor dem Verwaltungsgericht nicht klagen.

Mehrere Umweltschutzverbände wollten im Namen der »Seehunde in der Nordsee« die Genehmigung zur Dünnsäureverklappung in der Nordsee anfechten. Das Verwaltungsgericht wies den Antrag als unzulässig zurück. Beteiligungsfähig sind gem. § 61 VwGO u. a. natürliche Personen, also Menschen. Seehunde seien aber keine Menschen und könnten deshalb auch keine Anträge vor Verwaltungsgerichten stellen.[1]

Das deutsche Jagdrecht verbietet es, seltenes Wild zu fotografieren oder zu filmen und es dadurch zu beunruhigen. Der Abschuss des Wildes ist dagegen erlaubt.

Es ist nach § 19a S. 1 BJagdG verboten, seltenes Wild durch Fotografieren und Filmen zu stören. Das Erlegen von Wild ist gem. § 1 Abs. 4 BJagdG dagegen erlaubt. Das tote Wild dürfen Sie dann auch fotografieren.

Auf den Diebstahl von Alligatoren stehen in Louisiana bis zu zehn Jahre Freiheitsstrafe.

Der Diebstahl von Alligatoren scheint im US-Bundesstaat Louisiana ein häufiges Problem zu sein, denn es gibt dafür eigens einen Paragrafen mit vier Absätzen.[2]

Das Töten einer Wespe kann in Deutschland mit einer Geldbuße von bis zu 65 000 Euro geahndet werden.

Stellen Sie sich vor, Sie genießen im Sommer draußen ein Eis, einen Kuchen oder ein Bier. Da kommt eine stichlustige Wespe angeflogen, um auch zu naschen. Um sie zu vertreiben, fuchteln sie erst mit Händen, und als das nichts nützt, erschlagen Sie sie. Das sollten Sie besser nicht tun, den Wespen stehen unter Naturschutz. Wer eine einzige Wespe erschlägt, muss bis zu 65 000 Euro Bußgeld zahlen.[3]

Mit den bloßen Händen darf man in Indiana keine Fische fangen.

Dynamit und Armbrüste sind zum Fischefangen auch verboten. Ganz klar, in Indiana braucht man eine Angel.[4]

Das Jagen von »Bigfoot« oder anderen unentdeckten Arten ist im US-Staat Washington eine Straftat, die mit Geldstrafe und/oder Gefängnis bestraft wird.

Bigfoot ist ein großes Fabelwesen mit überdimensionalen Füßen und starker Fellbehaarung. Er ist eng mit dem Yeti verwandt. Ein Bigfoot hat es in seiner Rolle als »Wookie« in einer Sternensaga sogar zu Weltruhm gebracht. In Skamania County, Washington glaubt man fest an die Existenz von Bigfoot und anderen Fabelwesen und hat sie unter Schutz gestellt. Später hat man Skamania County sogar zum Bigfoot-Schutzgebiet erklärt, da es sich um eine gefährdete Art handele. Es gibt nur vereinzelte Sichtungen des Waldriesen, was befürchten lässt, dass seine Art vom Aussterben bedroht ist ...[5]

In der norditalienischen Stadt Monza ist es verboten, Goldfische in einem runden Wasserglas zu halten.

Durch die Krümmung des Glases sehe der Fisch in jeder Richtung sein verzerrtes Spiegelbild und leide darunter, lautet die kuriose Begründung.[6]

Zoogeschäfte in Kalifornien dürfen neuerdings nur noch gerettete oder aus Tierheimen stammende Haustiere verkaufen.

Mit der Regelung sollen vor allem unseriöse Tiervermehrer, die Hunde oder Katzen zu rein kommerziellen Zwecken unter schlechten Bedingungen züchten, gestoppt werden. Kalifornische Zoogeschäfte, die sich nicht an das Verbot halten und die Herkunft der Tiere nicht genau angeben können, müssen mit 500 Dollar Strafe rechnen.[7]

Ein Gericht in Südkorea erklärte es erstmals für illegal, Hunde für den Verzehr zu töten.

Nach einer Entscheidung des Regionalgerichts in Bucheon ist der Fleischverzehr kein ausreichender Grund für das Töten von Hunden. Bislang wurden Hunde in Südkorea nicht primär als Haustiere, sondern zum Verzehr gehalten. Laut Schätzungen der Nachrichtenagentur AFP wurden bislang etwa eine Million Hunde pro Jahr in Südkorea gegessen.[8]

»Liebkose oder küsse dein Reptil nicht« muss als Warnhinweis in den Tierläden von Illinois aushängen.

Nicht jeder Tierkäufer weiß, dass er mit seiner Schlange oder seinem Krokodil nicht wie mit einem Meerschweinchen umgehen kann. Der gesetzlich vorgeschriebene Warnhinweis bringt Aufklärung.[9]

Ein Stinktier darf in Prince William County im Bundesstaat Virginia nicht als Haustier gehalten werden.

Das ist schade, denn mit den anhänglichen Skunks kann man auch in der Stadt wie ein Eremit leben. Denn außer dem Besitzer hält niemand den bestialischen Gestank aus.[10]

Wenn ein Haustiger in Ohio ausbricht, müssen die Behörden innerhalb einer Stunde benachrichtigt werden.

Das Entweichen von exotischen oder gefährlichen Tieren muss in Lakewood, Ohio innerhalb einer Stunde den Behörden gemeldet werden.[11]

Wer in Norco, Kalifornien ein Rhinozeros halten will, muss sich das vorher für eine Gebühr von hundert Dollar genehmigen lassen.

Norco scheint ein Paradies für die Liebhaber von Zootieren zu sein. Andernorts ist die private Haltung von Elefanten, Löwen & Co. strikt verboten. In Norco dagegen muss man nur einen Antrag stellen, hundert Dollar Gebühr bezahlen, und schon steht dem Aufbau des Privatzoos nichts mehr im Wege.[12]

Der offizielle Staatsfisch von Hawaii heißt »humuhumunukunukuapua'a«.

Versuchen Sie den Namen mal auszusprechen. Übersetzt heißt das in etwa: Drückerfisch mit einem Maul wie ein Schwein. Die deutsche Bezeichnung lautet: »Diamant-Picassodrückerfisch«.[13]

Die Drei-Partys-pro-Jahr-Regel und andere Rechtsirrtümer

Manche juristischen Legenden halten sich hartnäckig, obwohl sie falsch sind. Es gibt kein gesetzliches Recht zum Rücktritt von allen Verträgen, sich vorher zu besaufen schützt nicht vor Strafbarkeit, und mit einem Handtuch lassen sich keine Liegen reservieren.

Irrtum: Beamtenbeleidigung ist ein eigener Straftatbestand und wird streng bestraft.

Es gibt keinen eigenen Tatbestand der Beamtenbeleidigung. Die Beleidigung eines Beamten ist eine »normale« Beleidigung im Sinne des § 185 StGB. Meist wird sie nur mit einer milden Geldstrafe geahndet.

Irrtum: Eltern haften für ihre Kinder.

Das ist der Klassiker aller Rechtsirrtümer, nachzulesen an Tausenden Baustellenzäunen. Tatsächlich haften Eltern nicht für ihre Kinder. Sie haften nur, wenn sie ihre Aufsichtspflicht gemäß § 832 BGB verletzt haben. Wie viel Aufsicht nötig ist, hängt vom Alter und Charakter des Kindes ab. Ein älteres, gut erzogenes Kind darf auch unbeaufsichtigt spielen, und wenn es dabei einen Schaden verursacht, müssen die Eltern nicht dafür aufkommen.

Irrtum: Man darf einmal im Monat laut und lange Party feiern, wenn man vorher einen Zettel im Hausflur ausgehängt hat.

Es ist ein hartnäckiger Mythos, wonach eine Party pro Monat erlaubt sei. Die Nachbarn müssten das hinnehmen und könnten dagegen nichts tun, sofern man sie durch einen Aushang vorgewarnt hat. Völlig falsch – es gibt kein »Recht auf Party«. Partylärm ist juristisch nicht anders als jede andere Lärmbelästigung zu behandeln. Fühlt sich ein Nachbar in seiner Nachtruhe gestört, kann er durchaus die Polizei rufen.

Irrtum: Urkundenfälschung ist, wenn in einer Urkunde was Falsches steht.

Geschützt ist nach § 267 StGB die Echtheit der Urkunde, also dass sie von demjenigen stammt, der in ihr als Aussteller steht. Nicht geschützt ist dagegen ihr Inhalt. Die sogenannte »schriftliche Lüge« ist straflos.

Ein Beispiel dazu: Peter F. gründet das »Königreich Deutschland«, dessen oberster Souverän er selbst ist. Die aufwendig hergestellte, von ihm selbst unterschriebene Gründungsurkunde ist eine straflose schriftliche Lüge. Setzt er hingegen den Namen des Bundespräsidenten darunter und ahmt dessen Unterschrift nach, ist dies eine strafbare Urkundenfälschung.

Irrtum: Die Aufgabe des Staatsanwalts besteht ausschließlich darin, für eine möglichst hohe Bestrafung des Angeklagten zu sorgen, auch wenn er weiß, dass er unschuldig ist.

Das ist falsch. Die Staatsanwaltschaft gilt als die objektivste Behörde der Welt. Sie hat nicht nur die zur Belastung, sondern auch die zur Entlastung dienenden Umstände zu ermitteln, schreibt § 160 Abs. 2 StPO vor. Der angebliche Jagdtrieb von Staatsanwälten ist nur ein Vorurteil, verbreitet von Freigesprochenen, die unschuldig zwanzig Jahre eingesessen haben.

Irrtum: Die Rückgabe bereits gekaufter Ware ist nur mit Kassenbon möglich.

Das ist falsch, denn bei einem Kassenzettel handelt es sich lediglich um ein Beweismittel. Es gibt aber auch noch andere Beweismittel wie z. B. Zeugen oder einen Kontoauszug bei Kartenzahlung.

Irrtum: Wer einen Zettel an die Windschutzscheibe des beschädigten Autos hängt, kann den Unfallort verlassen.

Ein Zettel an der Windschutzscheibe reicht nicht, um keine Unfallflucht zu begehen, denn er kann von Dritten entfernt, vom Wind weggeweht oder vom Regen durchweicht werden. Der Autofahrer muss vielmehr warten, und, falls der Unfallgegner nicht innerhalb angemessener Zeit erscheint, die Polizei benachrichtigen.

Irrtum: Behinderung der Justiz wird als eigener Straftatbestand streng bestraft.

Im deutschen Recht gibt es keinen Tatbestand »Behinderung der Justiz«. Allerdings gibt es ihn in den USA als »Obstruction of Justice«. Über Tausende Fernsehkrimis hat sich der Gedanke verfestigt, die Justizbehinderung sei auch hierzulande strafbar.

Irrtum: Wer sich keinen Anwalt leisten kann, bekommt einen Pflichtverteidiger.

Ob jemand einen Anwalt »auf Krankenschein« bekommt, hängt nicht von seinem Vermögen, sondern ausschließlich davon ab, ob ein Fall der notwendigen Verteidigung gemäß § 140 StPO vorliegt. Das ist etwa dann der Fall, wenn jemand in Untersuchungshaft sitzt oder wegen eines Verbrechens angeklagt ist. Selbst der Millionär bekommt bei einer notwendigen Verteidigung einen Pflichtverteidiger, wenn er sich nicht selbst einen Anwalt genommen hat.

Irrtum: Wenn »Aussage gegen Aussage« steht, wird der Angeklagte freigesprochen.

Häufig gibt es für eine Straftat nur einen Zeugen, meist das Opfer. Der Angeklagte leugnet vor Gericht, der Zeuge belastet ihn. Der Angeklagte glaubt, wenn es »Aussage gegen Aussage« steht, könne man ihm nichts nachweisen und er müsse freigesprochen werden. Das ist falsch, denn der Angeklagte darf vor Gericht lügen, entsprechend wenig wert ist seine Aussage. Der Zeuge dagegen muss die Wahrheit sagen. Ein Angeklagter kann deshalb durchaus verurteilt werden, auch wenn er nur durch eine Zeugenaussage belastet wird.

Irrtum: Polizisten brauchen immer einen Durchsuchungsbeschluss, wenn sie eine Wohnung durchsuchen wollen.

Bei Gefahr in Verzug darf die Polizei Wohnungen auch ohne richterlichen Beschluss durchsuchen. Diese ist zu bejahen, wenn ein Beschuldigter in seiner Wohnung Beweismittel aufbewahrt und er diese beiseiteschaffen oder vernichten könnte, bis die Polizeibeamten einen richterlichen Durchsuchungsbeschluss bekommen würden. Dann müssen die Polizisten dringend handeln, und die Frage des Bewohners: »Haben Sie überhaupt einen Durchsuchungsbeschluss?«, wird sie nicht stoppen.

Irrtum: Ein abgelehnter Asylbewerber kann seiner Abschiebung durch ein Kirchenasyl entgehen.

Abschiebungen können auch in Kirchen vollstreckt werden. Kirchen sind keine rechtsfreien Räume. Allerdings verzichten die Ausländerbehörden oft darauf, den abgelehnten Asylbewerber mit polizeilicher Gewalt aus der Kirche herauszuholen. Sie wollen die Kirche nicht verärgern und auch schlechte Presse vermeiden.

Irrtum: Man kann von jedem Vertrag innerhalb von zwei Wochen zurücktreten.

Juristisch ist das Unsinn, denn Verträge müssen eingehalten werden. Man kann Verträge nicht einfach deshalb rückgängig machen, weil man es sich anders überlegt hat. Es gibt nur wenige Ausnahmen gesetzlicher Rücktrittsmöglichkeiten, wie bei Bestellungen im Internet.

Allerdings haben die Kunden sich an großzügige Rückgabe-regelungen vieler Unternehmen gewöhnt. Diese gewähren Rückgabe und Umtausch aber nur aus Kulanz und nicht, weil der Kunde einen Anspruch darauf hat.

Irrtum: Sperrmüll darf man mitnehmen.

Streng genommen darf man Sperrmüll nicht einfach mitnehmen. Denn wer etwas zum Sperrmüll rausstellt, gibt nicht unbedingt sein Eigentum daran auf. Nach vielen Abfallsatzungen geht der Sperrmüll durch das Rausstellen zudem direkt in das Eigentum des Entsorgers über. Das Mitnehmen von Sperrmüll könnte deshalb als Unterschlagung strafbar sein. Verfolgt wird die Sperrmüllfledderei allerdings nicht.

Man muss sich nur richtig betrinken, bevor man eine Straftat begeht, und kann dann wegen Schuldunfähigkeit nicht bestraft werden.

Saufen führt nicht zwangsläufig zur Straffreiheit, weil für die Schuldunfähigkeit mindestens drei Promille erforderlich sind. Der nicht geübte Trinker liegt bei drei Promille aber komatös auf dem Boden und kann keine Straftaten mehr begehen. Außerdem kann man auch dafür bestraft werden, dass man sich vorsätzlich betrunken hat, um dann eine Straftat zu begehen. Schließlich ist auch der Vollrausch selbst gemäß § 323a StGB strafbar. Die Strategie »Saufen bis zur Schuldunfähigkeit« bleibt deshalb erfolglos.

Irrtum: Mit einem Handtuch kann man eine Liege reservieren.

Morgens um sechs schleichen die deutschen Pauschaltouristen zum Pool oder Strand und blockieren mit Handtüchern massenhaft Liegen. Dann gehen sie erst einmal stundenlang frühstücken. Andere Urlauber, die nicht zu präseniler Bettflucht neigen, finden dann keine freie Liege mehr. Doch tatsächlich vermittelt ein Handtuch keine Besitzansprüche. Es kann getrost entfernt und die Liege genutzt werden.

Irrtum: Die Mietkaution darf man am Ende der Mietzeit abwohnen.

Gerne stellen Mieter ihre Zahlungen zwei oder drei Monate vor Mietende ein, um die Kaution abzuwohnen. Das ist nicht zulässig, denn die Miete muss bis zum Auszug vollständig gezahlt werden. Die Kaution dient nämlich nicht nur der Absicherung der Miete, sondern sämtlicher Ansprüche des Vermieters. Das können beispielsweise auch die Nachzahlung von Betriebskosten oder unterlassene Schönheitsreparaturen sein.

Literaturverzeichnis

Josef A. Alpmann (Hrsg.), Alpmann Brockhaus, Alpmann Schmidt, Münster/Mannheim 2004

Patrick Burow, Justiz am Abgrund, Ein Richter klagt an, Langen Müller, München 2018

Patrick Burow, Das Lexikon der Justizirrtümer, Eichborn, Frankfurt/Main 2013

Deutsches Lebensmittelbuch, Bundesministerium für Ernährung und Landwirtschaft, 10. Lfg. 1987

Thomas Fischer, Strafgesetzbuch, C.H. Beck, München, 66. Aufl. 2019

Marc Liesching/Susanne Schuster, Jugendschutzrecht, C.H. Beck, 5. Aufl., München 2011

Palandt, Bürgerliches Gesetzbuch, C.H. Beck, 78. Aufl., München 2019

Werner Sarstedt, Rechtsstaat als Aufgabe, De Gruyter, Berlin 1987

Schönfelder, Deutsche Gesetze, Sammlung des Zivil-, Straf- und Verfahrensrechts, C.H. Beck, 175. Auflage, München 2019

Helfried Spitra, Die großen Kriminalfälle, Deutschland im Spiegel berühmter Verbrechen, Campus, Frankfurt/Main 2001

Alexander Stevens, 9 1/2 perfekte Morde, Wenn Schuldige davonkommen – ein Strafverteidiger deckt auf, Piper, München 2017

Abkürzungsverzeichnis

BGB	Bürgerliches Gesetzbuch
BGB-RGRK	Reichsgerichtsrätekommentar (12. Auflage, 1978–2000)
BGHSt	Entscheidungen des Bundesgerichtshofs in Strafsachen
BJagdG	Bundesjagdgesetz
BKat	Bußgeldkatalog
BtMG	Betäubungsmittelgesetz
EUGHE	Entscheidungssammlung des Europäischen Gerichtshofs für Menschenrechte
GG	Grundgesetz
JVA	Justizvollzugsanstalt
LuftVO	Luftverkehrs-Ordnung
MDR	Monatsschrift für Deutsches Recht
NJW	Neue Juristische Wochenschrift
NJW-RR	Neue Juristische Wochenschrift – Rechtsprechungs-Report
NStZ	Neue Zeitschrift für Strafrecht
PassG	Passgesetz
SAR	Sozialhilfe- und Asylbewerberleistungsrecht
SchulG NRW	Schulgesetz für das Land Nordrhein-Westfalen
SGB	Sozialgesetzbuch
StGB	Strafgesetzbuch
StPO	Strafprozessordnung

StVG	Straßenverkehrsgesetz
StVO	Straßenverkehrs-Ordnung
VWGO	Verwaltungsgerichtsordnung
WUM	Wohnungswirtschaft und Mietrecht
ZPO	Zivilprozessordnung

Anmerkungen

Kapitel 1

1 diepresse.com/home/panorama/welt/499299/Justiz-in-China_Die-68-Wege-zum-Schafott; www.amnesty-todes strafe.de/files/reader_todesstrafe-in-china.pdf
2 18 U.S. Code § 2074. False weather reports
3 www.spiegel.de/spiegel/youtube-mops-buddha-und-der-hitlergruss-a-1204076.html
4 www.newsweek.com/larry-nassar-denial-judge-says-799748
5 Bundesverfassungsgericht, Beschluss der 2. Kammer des Zweiten Senats vom 22. März 1999 – 2 BvR 398/99
6 www.welt.de/finanzen/verbraucher/article5274751/So-teuer-ist-es-Polizisten-zu-beleidigen.html
7 www.sueddeutsche.de/panorama/gerichtsprozess-ein-teurer-ausraster-1.661209; www.mz-web.de/panorama/beschimp-fung-eines-polizisten-effenbergs-strafe-auf-10-000-euro-re duziert-8979982
8 www.legislation.gov.uk/ukpga/Eliz2/9-10/60; en.wikipedia.org/wiki/Suicide_Act_1961
9 Utah Code – 76_6_105
10 Rhode Island General Laws § 11-29-1 (2014)
11 § 228 Canada Criminal Code

Kapitel 2

1 hannesroben.files.wordpress.com/2016/06/merkblatt-ber-die-amtstracht-im-geschftsbereich-des-niederschsischen-justiz-ministeriums.pdf

2 Bundesgerichtshof, Beschluss vom 15.08.2018 – 2 StR 474/17

3 www.lto.de/recht/kurioses/k/kurioses-anwalt-fordert-todes strafe-fuer-eigenen-mandanten/

4 www.nytimes.com/2007/08/07/world/asia/07cnd-thai.html

5 Oberlandesgericht Koblenz NStZ 1997, S. 360

6 knastforum.de/forum/index.php?board/15-knast-bewertun gen/

7 Bundesgerichtshof, Beschluss vom 12.1.2016 – 3 StR 482/15

8 prisonlaw.com/wp-content/uploads/2017/10/ThreeStrikes-Oct-2017-1.pdf

9 Bundesverwaltungsgericht, Beschluss vom 13. Juni 2001 – 5 B 105/00

10 Urteil des Amtsgerichts München vom 08.06.2017, Aktenzeichen 1022 Ds 463 Js 134042/17 jug

11 www.independent.co.uk/news/world/americas/ohio-judge-or ders-woman-to-walk-30-miles-for-bailing-on-a-taxi-fare-10286623.html

12 blogs.findlaw.com/legally_weird/2018/12/deer-poacher-orde red-to-watch-bambi-12-times.html#more

13 www.spiegel.de/panorama/justiz/rumaenien-straefling-schei tert-mit-klage-gegen-gott-a-493936.html

14 Burow, Justiz am Abgrund, S. 67 ff

15 California Penal Code, Section 289.6.

16 www.lto.de/recht/kurioses/k/sevilla-pineda-urteil-twitter-veroeffentlichen-30-tage/

Kapitel 3

1 Bundesgerichtshof, Beschluss vom 15. Januar 2015 – 2 StR 204/14

2 Landgericht Offenburg, Urteil vom 24.07.2002 – 1 Ks 2 Js 550/02

3 www.focus.de/finanzen/recht/richter-gibt-lizenz-zum-steh len-italiener-duerfen-jetzt-lebensmittel-klauen_id_5502864. html

4 Fischer, StGB, § 20, Rn. 19

5 www.focus.de/panorama/welt/tid-9231/inzest-urteil_aid_
265018.html

6 Amtsgericht Eschwege, Urteil vom 12.11.2013 (Az. 71 Cs 9621
Js 14035/13)

7 Bundesverfassungsgericht, Beschluss vom 17. Mai 2016 –
1 BvR 2150/14

8 Landgericht Koblenz (MDR 1997, S. 280)

9 Fischer, Strafgesetzbuch, 66.Auflage 2019, § 24, Rn. 9

10 www.bbc.com/news/world-europe-14232970

11 Oberlandesgericht Karlsruhe, Beschluss vom 01. Juni 2004 –
1 Ss 46/04

Kapitel 4

1 West Virginia State Code § 20 – 2-4

2 Oberlandesgericht Düsseldorf, 2 Ss (OWi) 97/90 – (OWi)
30/90 II

3 Amtsgericht Lübeck, Beschluss vom 09. Dezember 2011 – 61 Gs
125/11

4 Verwaltungsgericht Gelsenkirchen, Beschluss vom 6.6.2018 –
7 L 2934/17

5 www.focus.de/auto/news/falscher-code-am-messgeraet-ueber-
6000-euro-strafe-mann-in-belgien-wird-mit-700km-h-zu
-viel-geblitzt_id_8960162.html

6 Oberlandesgericht Düsseldorf, Beschluss vom 22.02.2015 –
5 Ss (OWI) 411/94 – (OWi) 211/94 I

7 Oberlandesgericht Zweibrücken, Beschluss vom 19.12.1996 –
1 Ss 291/96

8 Amtsgericht München, Urteil vom 02.09.2010, 271 C 11329/10

9 Bundesgerichtshof, Beschluss vom 23. September 2014 – 4 StR
92/14

10 Oberlandesgericht München, Urteil vom 16.09.2016 – 10 U
750/13

11 Oberlandesgericht Hamm, Beschluss vom 09. September
2014 – III-1 RBs 1/14

12 Landgericht Mannheim, Urteil vom 29. 11. 1979 – 5 Ns 97/79

13 dui.findlaw.com/dui-charges/can-a-passenger-drink-in-a-car-.
    html

14 www.stern.de/auto/service/italien-polizei-versteigert-autos-
    betrunkener-3852578.html

15 Bekanntmachung des Bayerischen Staatsministeriums für
    Arbeit und Sozialordnung, Familie und Frauen von 4. Mai
    2012, Az.: II3/6131_1/147

16 Munipal Code of Hilton Head, Sec. 12 – 1-511

17 Oregon Revised Statutes, 811.205

18 Derby Municipal Code, 10.04.2004

19 Code of Virginia, § 56 – 412.1

20 www.schoeck-blog.de/wp-content/uploads//2012/11/Ampel.
    pdf

21 www.welt.de/politik/ausland/article177020718/Saudi-Arabi
    en-Erste-Frauen-erhalten-Fuehrerschein-duerfen-aber-trotz-
    dem-nicht-fahren.html

22 www.spiegel.de/auto/aktuell/hamburg-gericht-enteignet-
    raser-und-versteigert-sein-motorrad-a-1263097.html

Kapitel 5

1 Bundesgerichtshof, Beschluss vom 25.10.2007, Aktenzeichen I
   ZB 22/04

2 Leitlinie Nr.11 zur Anwendung der Richtlinie über die Sicherheit von Spielzeug (88/378/EG)

3 Hanseatisches Oberlandesgericht, Urteil vom 24.02.2011,
   Aktenzeichen 3 U 63/10

4 Bundesrat Drucksache 574/1/03, S. 4

5 Alpmann Brockhaus, Alpmann Schmidt 2004, S. 986

6 11.5.2 Nummer 2 Erläuternde Leitlinien Richtlinie 2009/48/
   EG über die Sicherheit von Spielzeug

7 Bundespatengericht, Urteil vom 27.09.2005, Aktenzeichen
   24 W (pat) 332/03

8 Deutsches Lebensmittelbuch, 10. Lfg. 1987, Leitsätze für Ge-
   würze, Gewürzextrakte und Gewürzzubereitungen C IX 1/1

9   Landgericht Nürnberg-Fürth, Urteil vom 28.10.1994, Akten-
    zeichen 3 O 3342/93

10 Landgericht Berlin, Urteil vom 19. November 1996 – 27 O
    381/96

11 Oberlandesgericht Köln, Urteil vom 03.05.2001, Az.: 1 U 6/01

12 Wiscon Statues & Annotations § 77 – 54

13 Entscheidungssammlung des Bundesgerichtshofs in Zivil-
    sachen 113, S. 251 ff.

14 Leipziger Kommentar/Roxin, 11. Auflage 1994, § 30 Rn. 60

15 Amtsgericht München NJW 1987, S. 1425

16 Kap. 48 Anm. 8 a) Verordnung (EG) Nr. 2204/1999

17 § 1 Abs. 1 Satz 2 Verordnung über die Sicherheit von Spielzeug

18 Liesching/Schuster, § 5 JuSchG, Rn. 1

19 Art. 2 i) Binnenschifffahrtsverordnung (Schweiz)

20 Oberlandesgericht Saarbrücken NJW-RR 1999, S. 1404

21 www.brucealanblock.com/wp-content/uploads/2011/03/
    Public-Nudity-Ordinance.pdf

22 www.brucealanblock.com/wp-content/uploads/2011/03/
    Public-Nudity-Ordinance.pdf

Kapitel 6

1   Stevens, 9 1/2 perfekte Morde, S. 9, 20

2   www.welt.de/vermischtes/weltgeschehen/article
    13780091/150-Milliarden-Dollar-Entschaedigung-fuer-Brand-
    opfer.html

3   observer.news/crime/thai-141078-years-prison-fraud/

4   www.spiegel.de/wirtschaft/unternehmen/jeff-bezos-amazon-
    chef-besiegelt-scheidung-von-mackenzie-bezos-a-1276096.
    html

5   www.welt.de/vermischtes/article128197344/Mann-fordert-
    zwei-Sextillionen-Dollar-Entschaedigung.html

6   thediplomat.com/2013/12/justice-delayed-is-justice-denied-
    indias-30-million-case-judicial-backlog/

7   Stevens, 9 1/2 Morde, S. 81

8   www.strafverteidigervereinigungen.org/Schriftenreihe/Texte/
    Band%2041/Kinzig&Stelly_32_65_41SchrStVV.pdf

9   www.kirkland.com; https://cms.law/de

10 juris-Recherche vom 30.01.2019

11 www.hna.de/lokales/northeim/bad-gandersheim-ort81576/
    kleinste-amtsgericht-niedersachsens-in-bad-gandersheim-
    bleibt-bestehen-11058735.html

12 rp-online.de/nrw/staedte/duesseldorf/zu-oft-muessen-richter-
    ueber-cent-betraege-verhandeln_aid-9575489v

13 www.zeit.de/news/2016-10/19/prozesse-laengster-prozess-
    duesseldorfs-geht-weiter-19145003

14 Gerald Endres: »Der Schmücker-Mord«, in: Spitra (Hrsg.), Die
    großen Kriminalfälle, S. 226 ff.

15 indianexpress.com/article/india/family-court-judge-in-the-
    guinness-book-of-world-records-for-deciding-over-6-thou
    sand-cases-4603599/

16 www.nashvillebonding.com/largest-bail-bonds-in-us-history/

17 www.sueddeutsche.de/auto/rekord-bussgeld-euro-strafe-fuer-
    schweizer-bleifuss-1.67568

18 www.stern.de/wirtschaft/news/finanzkrise-regierung-
    beschliesst-rettungspaket-3746006.html

19 www.badische-zeitung.de/titisee-neustadt/skurril-schluss-
    wort-des-angeklagten-dauert-14-stunden–38903629.html

20 www.bundesverfassungsgericht.de/DE/Verfahren/Jahressta-
    tistiken/2017/gb2017/A-IV-2.pdf?__blob=publicationFile&v=2

21 www.berliner-zeitung.de/berlin/seit-55-jahren-hinter-gittern-
    das-ist-deutschlands-dienstaeltester-gefangener-30553150

22 Burow, Lexikon der Justizirrtümer, S. 102

23 Polizeiliche Kriminalstatistik (PKS) 2017

24 www.dailymail.co.uk/news/article-2091652/Thaddeus-T-J-
    Jimenez-Wrongfully-convicted-man-awarded-25m.html

25 www.spiegel.de/panorama/gesellschaft/laengstes-wort-der-
    deutschen-sprache-verschwindet-a-903370.html

26 www.zeit.de/gesellschaft/zeitgeschehen/2018-10/prozess
    kosten-nsu-prozess-37-millionen-beate-zschaepe

27 Sarstedt, Rechtsstaat als Aufgabe, S. 137

Kapitel 7

1   Loi nº 59-1583 du 31 décembre 1959 art. 23, JO 8 janvier 1959
2   Mississippi Code § 97 – 29 – 55 (2013)
3   Brandenburgisches Oberlandesgericht, Beschluss vom 10. Mai 2006 – 9 WF 127/06
4   § 51 – 3 North Carolina General Statutes
5   www.hna.de/welt/gericht-suedkorea-ehebruch-gesetz-abge schafft-zr-4767804.html
6   blogs.findlaw.com/legally_weird/2018/07/jilted-to-gilded-north-carolina-husband-gets-88m-from-man-who-slept-with-his-wife.html
7   Urteil des Landgerichts Paderborn vom 12.10.1989, Akten-zeichen 1 S 197/89

Kapitel 8

1   Section 27A, Miscellaneous Offences (Public Order and Nuisance) Act, CHAPTER 184, 1997 Edition
2   www.stern.de/neon/wilde-welt/gesellschaft/sexuelle-belaes tigung-auf-der-strasse–in-frankreich-steht-hey-suesse-jetzt-unter-strafe-7988698.html
3   Ord. No. 910015, 11 – 8-1991, Sec. 66 – 1. Nudity and sexual activities in public places
4   BGB-RGRK, BGB, 12. Aufl. 1984, § 1353, Rn. 38
5   www.spiegel.de/politik/ausland/brunei-schwulen-droht-nach-neuem-gesetz-todesstrafe-a-1260971.html
6   www.ecoi.net/en/file/local/1219135/1329_1202725629_sb106-sud-criminalact1991.pdf, Abschnitt 148: Sodomie
7   Bundesgerichtshof NJW 1967, S. 1078
8   law.lis.virginia.gov/vacode/title18.2/chapter8/section18.2-344/
9   Montana Code, Title 45, Chapter 5, Part 6 – Offenses Against the Family, § 45 – 5-601, Prostitution
10 Section 30, Films Act (Chapter 107, 1998 Edition)
11 Penal Code, Title 9. Offences against public order and decency, Chapter 43. Public indecency, Subchapter A. Prostitution

12 Ord. No. 2805, § 1 (11.12.157), 2 – 11 – 80

13 Code of Ordinances of Alamosa, Colorado, Sec. 11 – 76. (Code 1964, 17 – 7)

14 Verwaltungsgericht Ansbach SAR 2004, S. 91

15 Beschluss des Obersten Gerichtshof vom 03.05.2017, Geschäftszahl 4Ob62/17x

16 Verwaltungsgericht Berlin, Urteil vom 20.01.2015, Az. VG 23 K 180.14

17 § 10 – 147 New York Code

18 Landgericht Düsseldorf, Urteil vom 26. November 2015 – 14c O 124/15

Kapitel 9

1 www.lawcom.gov.uk/app/uploads/2015/03/Legal_Oddities.pdf

2 § 10 S. 2 Lov om Tatovering

3 www.sueddeutsche.de/leben/aktuelles-lexikon-selfie-verbot-1.3971855

4 www.augsburger-allgemeine.de/panorama/Esel-muessen-auf-Santorin-keine-uebergewichtigen-Touristen-mehr-tragen-id52419051.html

5 Control of Manufacture Act, Chapter 57

6 § 16 Environmental Public Health Regulations

7 § 15 Abs. 3 Environmental Public Health Regulations

8 www.spiegel.de/lebenundlernen/schule/hosenpolizei-schluss-mit-schueler-schlabberlook-a-541576.html

9 Code of Ordinances, Sec. 9 – 7

10 Code of Ordinances, Sec. 14 – 28

11 Code of Ordinances, Sec. 14 – 49

12 theculturetrip.com/europe/france/paris/articles/why-its-illegal-to-take-pictures-of-the-eiffel-tower-at-night/

13 Sec. 14 – 96 Code of Ordinances, Tampa, Florida

14 § 17.20.010. Los Angeles Code of Ordinances

15 Section 8 – 133.2. Display of aerosol spray paint containers and marker pens

16 Sec. 39 – 112. Code of City Mobile, Alabama

17 § 5.82.010 Code of Ordinances

18 www.lawcom.gov.uk/app/uploads/2015/03/Legal_Oddities.
pdf

19 § 14:68.6 Louisiana Revised Statutes

20 2006 Louisiana Laws – RS 14:107.1

21 Chapter 269, Sec. 15, General Laws Massachusetts

22 5.08.110 Yamhill Municipal Code

23 New Orleans Municipal Code, § 54 – 312

24 South Carolina Code § 23 – 33 – 20 (2012)

25 Sec. 20 – 28 Code of Ordinances Memphis

26 § 18.2 – 416 Code of Virginia

27 § 265 – 42 Massachusetts General Law

28 § 265 – 42 Massachusetts General Law

29 Kern County, Code of Ordinances, § 9.12.010

Kapitel 10

1 Oberlandesgericht Köln, Urteil vom 07. September 2002 –
27 U 12/04

2 Beschluss des Oberlandesgerichts Hamburg vom 20.04.1988,
Aktenzeichen 2 W 7/87

3 www.spiegel.de/panorama/justiz/usa-mann-soll-wegen-affaere-
8-8-millionen-dollar-zahlen-a-1221246.html

4 www.wz.de/panorama/graeten-im-fisch-das-muss-einem-
doch-gesagt-werden_aid-30235715

5 www.spiegel.de/panorama/justiz/michigan-pornosammlung-
weggeworfen-sohn-verklagt-eltern-a-1262850.html

6 Oberlandesgericht Hamm, Beschluss vom 14.02.2001 – 9 W
23/00

7 www.welt.de/wissenschaft/article160308663/Wem-gehoert-
der-Mond.html

8 Landgericht Berlin, Urteil vom 30.04.2013 – 67 S 307/12

9 Amtsgericht Wuppertal, Urteil vom 14.01.1997 – 34 C 262/96

10 Landgericht Hamburg, Urteil vom 15.12.2009 – 316 S 14/09

11 Landessozialgericht Baden-Württemberg, Urteil vom 21. März 2018 – L 5 KR 3247/16

12 Amtsgericht Tecklenburg WuM 1991, 578

13 Landgericht Chemnitz, Urteil vom 21. Oktober 2011 – 6 S 27/11

14 § 530 BGB Widerruf der Schenkung

15 Oberlandesgericht Frankfurt, Beschluss vom 02.05.2017 – 8 U 170/16

16 Amtsgericht Frankfurt am Main, Urteil vom 07.10.2011 – 33 C 588/11-76

17 New Jersey Rev Stat § 2C:33-25 (2013)

18 Iowa Code § 136D.4

Kapitel 11

1 Verordnung (EG) Nr. 2257/94

2 EuGHE I 1994, S. 4027

3 www.sueddeutsche.de/politik/europaeische-union-sechs-mythen-ueber-die-eu-und-was-wirklich-dran-ist-1.1950690-6

4 Verordnung EG 1546/2006

5 Richtlinie 79/693/EWG

Kapitel 12

1 www.tagblatt.de/Nachrichten/Jogginghosen-gehoeren-auf-die-Couch-407981.html

2 Amtsgericht Hannover, Urteil vom 28. Juli 2015, Aktenzeichen: 465 C 15083/14

3 Florida Statutes, 847.0145

4 Municipal Code Topeka, § 54 – 123

5 www.spiegel.de/lebenundlernen/schule/abitur-aufgaben-vorab-schueler-aus-muenster-scheitert-mit-anfrage-a-1027885.html

6 www.spiegel.de/lebenundlernen/schule/usa-lehrerin-sagt-

erstklaesslern-wahrheit-ueber-weihnachtsmann-job-weg-a-1242177.html
7 rp-online.de/nrw/staedte/koeln/koeln-ex-sonderschueler-ver-klagt-das-land-nrw-auf-schadenersatz_aid-23962079
8 § 17 Abs. 2 S. Schulunterrichtsgesetz
9 Landgericht Köln, Urteil vom 06. Dezember 2017 – 12 O 135/17
10 Municipal Code of the City of Rehoboth, § 198 – 33
11 Walnut City Code 3.48.200
12 nypost.com/2017/10/04/indiana-court-rules-that-sex-with-16-year-old-is-fine-but-sexting-them-is-not/
13 Code of Cumberland, § 28 – 18
14 www.ibtimes.com/tennessee-passes-law-against-gateway-se-xual-activity-critics-suspect-holding-hands-704232#.T_WFtWt5mSM
15 Rhode Island General Laws § 11 – 13 – 4
16 Verwaltungsgericht Berlin, Urteil vom 04. April 2017 – 3 K 797.15
17 Oberlandesgericht Hamm, Beschluss vom 19. Mai 2000 – 11 UF 22/00

Kapitel 13

1 Landesarbeitsgericht Düsseldorf, Urteil vom 27. Mai 1998 – 12 (18) Sa 196/98
2 Bundesfinanzhof, Urteil vom 29.04.1982 – IV R 166/79
3 Sozialgericht Dortmund, Urteil vom 26.09.2000 – S 26 KA 73/99
4 Sozialgericht Bremen, Urteil vom 28.06.1996 – S 18 U 186/95
5 Landessozialgericht Baden-Württemberg, Beschluss vom 22. November 2011 – L 2 U 5633/10
6 www.lto.de/recht/nachrichten/n/arbg-duesseldorf-ab-zum-arzt-und-dann-koffer-packen/
7 Arbeitsgericht Duisburg, Urteil vom 14.09.2009, 3 Ca 1336/09
8 Europäischer Gerichtshof, Urteile vom 6.11.2018, Az. C-569/16 und C-570/16

9 Landesarbeitsgericht Köln, Urteil vom 02. November 2011 –
9 Sa 1581/10

10 www.courthousenews.com/worker-fired-over-lego-sex-vids-
gets-no-benefits/

11 Arbeitsgericht Köln, Urteil vom 21. Januar 2010 – 6 Ca 3846/09

12 etf.bgetem.de/htdocs/r30/vc_shop/bilder/firma53/bgi_657_
a08-2014.pdf

13 Sozialgericht Dortmund, Urteil vom 16.04.2019 – S 8 KR
1740/18

Kapitel 14

1 § 7 Abs. 1 Nr. 2 PassG

2 Verwaltungsgericht Stuttgart, Urteil vom 31. Januar 2014 – 1 K
173/13

3 Finanzgericht Rheinland-Pfalz, Urteil vom 23.04.2008 – 1 K
2525/07

4 www.mit-sicherheit-anders.de/termine-und-infos/glossar/

5 Verwaltungsgericht Trier, Urteil vom 12.01.2016 – 1 K 3238/15.
TR

6 Finanzgericht Rheinland-Pfalz, Urteil vom 11. Mai 2005 – 3 K
2775/04

7 www.telegraph.co.uk/news/obituaries/1446451/Canaan-Bana
na.html

8 Finanzgericht München, Urteil vom 21.08.1989 – 13 K 2047/89

9 Verwaltungsgericht Lüneburg, Urteil vom 26.04.2019, Az. Az.
10 A 6/17

10 Verwaltungsgericht Düsseldorf, Urteil vom 02.11.2010 – 23 K
5235/07

11 Verwaltungsgericht München, Urteil vom 09. Mai 2011 – M 19
DK 11.855

12 § 33 Landesdisziplinargesetz Rheinland-Pfalz

13 Chico Municipal Code, § 9.60.030

14 Alabama Code Title 17. Elections § 17 – 9-13

15 IRS Publication 17

Kapitel 15

1 Verwaltungsgericht Hamburg, Beschluss vom 22.09.1988 – 7 VG 2499/88
2 Louisiana Laws Revised Statutes, § 14:67.13
3 www.bussgeldkatalog.org/tierschutz-wespe/
4 Indiana Code 14–22–9-1
5 Skamania County Ordinance No. 69–01 und No. 1984–2
6 rp-online.de/panorama/leute/monza-verbietet-goldfische-in-rundem-wasserglas_aid-16853967
7 State of California, Section 31753 of the Food and Agricultural Code
8 www.spiegel.de/panorama/suedkorea-gericht-erklaert-das-toeten-von-hunden-fuer-fleischgerichte-fuer-illegal-a-1214179.html
9 Illinois Compiled Statutes, Animal Welfare Act, § 18.1 (b)(2) (D)
10 Prince William County Code, Sec. 4–69, 4–71
11 Codified Ordinances of the City of Lakewood, Sec. 505.23
12 Norco Municipal Code, Section 8.05.020 und 8.05.050
13 Hawaii Revised Statutes § 5–11.5 (2013)

Register

Patrick Burow

Ich habe nicht geschossen, nur ein bisschen

Absurde Ausreden
vor Gericht

Taschenbuch.
Auch als E-Book erhältlich.
www.ullstein-buchverlage.de

Realsatire im Gerichtssaal

Es ist unfassbar, wie dreist und fantasievoll Leute argumentieren, wenn sie vor Gericht stehen – sei es wegen Bagatellvergehen im Straßenverkehr, sei es wegen kapitaler Verbrechen oder auch nur, um den Reisepreis zu mindern. Eines haben all die Diebe, Steuersünder und Beschwerdeführer, manchmal auch Mörder oder Reichsbürger gemeinsam: Ihre Versuche, sich herauszureden oder vermeintliche Ansprüche geltend zu machen, scheitern meist kläglich. Patrick Burow, seines Zeichens Richter, hat die haarsträubendsten Ausflüchte zusammengetragen.